cow-boys
et gardians

Vache hereford et son veau

Quatre cravaches en peau et cuir tressés

Cow-boy canadien équipé contre le mauvais temps

Cow-boy contemporain monté sur un quarterhorse

Selle faite main du Nevada, avec fourche en A (vers 1940)

Montres de poche

Outils traditionnels du bourrelier

Cow-boy texan du XIXe siècle

Fer camarguais

cow-boys et gardians

par

David H. Murdoch

Photographies originales de Geoff Brightling
et Frank Greenaway

Etui à révolver traditionnel portant un colt .45

Jeune femme montée sur un cheval arabe

Trois types différents d'éperons de l'Amérique hispanique

Lasso péruvien en cuir tressé

GALLIMARD

Carabine appartenant à un Indien des Plaines (1870)

Imitation de l'insigne d'un défenseur de la loi

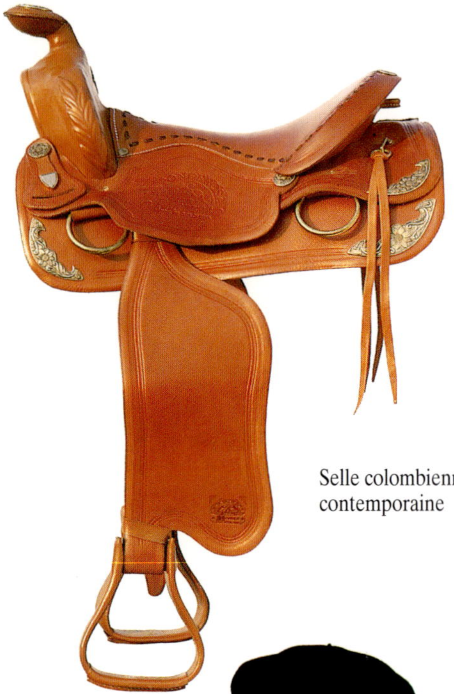

Selle colombienne contemporaine

Gourde en métal couverte de cuir

Comité éditorial

Londres :
Céline Carez, Marion Dent, Julia Harris,
Helen Parker, Jill Plank,
Deborah Pownall et Catherine Semark
Conseiller : Paul Fees, conservateur du Buffalo Bill
Historical Center, Cody, Wyoming, Etats-Unis

Paris :
Christine Baker, Françoise Favez,
Manne Héron et Jacques Marziou

Edition française préparée par
Philippe Jacquin historien de l'Amérique,
Université de Lyon III

Publié sous la direction de

Peter Kindersley,
Jean-Olivier Héron
et
Pierre Marchand

Cow-boys portant des *long johns*

Gaucho d'Argentine

ISBN 2-07-058134-9
La conception de cette collection est le fruit
d'une collaboration entre les Editions Gallimard
et Dorling Kindersley

Loi n° 49-956 du 16 juillet 1949
sur les publications destinées à la jeunesse
Dépôt légal : octobre 1993.
N° d'édition : 64520
Imprimé à Singapour

SOMMAIRE

Bottes de cow-boy américain (vers 1920)

COW-BOYS, GAUCHOS, GARDIANS ET VAQUEROS

Les cow-boys étaient des hommes de la Frontière, un espace où la colonisation n'avait pas encore mis en valeur toutes les terres. Le royaume du cow-boy se développa, loin de la sécurité des bourgades et du confort de la civilisation, partout où les riches pâturages nourrissaient du bétail et où vagabondaient des chevaux sauvages. Ce travail attirait des hommes indépendants, sûrs d'eux-mêmes, et exigeait courage et endurance. Ainsi, les cow-boys pensaient que leur mode de vie les distinguait des autres, ce dont ils tiraient une certaine fierté. Parfois, autorités et citadins, notamment aux États-Unis et en Argentine, considéraient les cow-boys comme des hommes brutaux et dangereux. Mais peu à peu, le cow-boy finit par symboliser des valeurs que toute la nation reprit à son compte, faisant de lui un véritable mythe, né de l'Ouest sauvage. Hollywood s'en est inspiré, puis a perpétué le mythe dans les westerns, où les cow-boys vivent en fait à l'écart des dures réalités de la Prairie.

LE COW-BOY D'AMÉRIQUE DU SUD
Dans les plaines d'Amérique du Sud, les cavaliers chargés de surveiller le bétail avaient des noms différents selon les pays : le *gaucho* en Argentine et en Uruguay, le *llanero* au Venezuela, et le *huaso* au Chili. Tous étaient épris de liberté.

LE COW-BOY ITALIEN
Les Romains appelaient les gardiens de bétail *buteri*, transformé en *buttero* dans l'Italie d'aujourd'hui. Le cow-boy italien chevauche une monture particulière, le maremmana, élevé en Toscane et en Italie centrale. Assez lent, il est apprécié pour son caractère paisible et son endurance.

Gardian sur son cheval blanc traditionnel

LES GARDIANS DE CAMARGUE
Pendant des siècles, dans les marais salants du delta du Rhône, les gardians ont élevé des taureaux noirs pour la course. Leur monture est aujourd'hui encore un cheval blanc spécifique de cette région : le camargue. Les gardians sont fiers de leurs traditions.

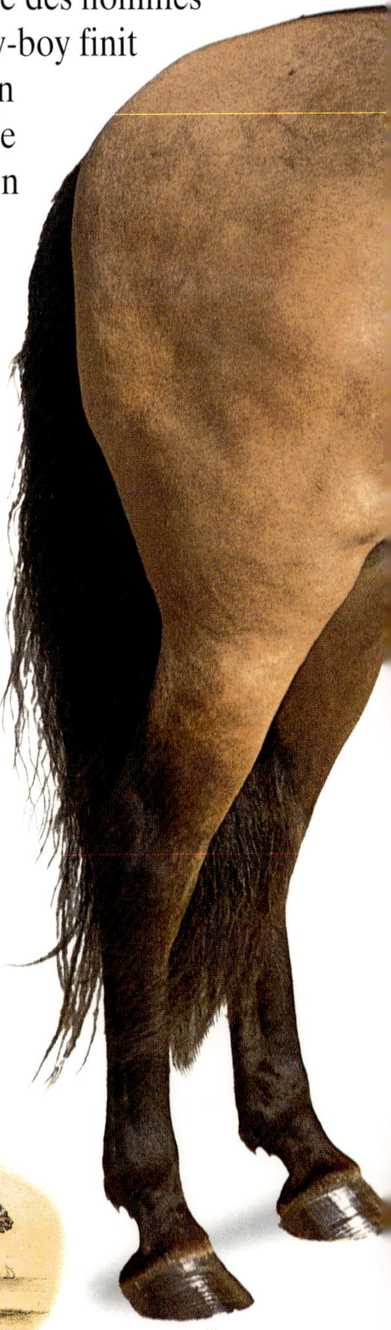

Le puissant mustang est la monture idéale pour le travail du cow-boy.

LE CAVALIER NORD-AFRICAIN
Les guerriers farouches des tribus d'Afrique du Nord étaient d'excellents cavaliers. Convertis à l'islam, ils se lancèrent à la conquête de l'Europe, en passant par l'Espagne, mais furent définitivement arrêtés en France, à la bataille de Poitiers, en 732. Ils montaient des chevaux barbes, réputés pour leur endurance et leur vitesse sur de courtes distances. Du croisement de ces chevaux barbes avec des andalous sont nées les montures des cow-boys du Nouveau Monde.

LE CÉLÈBRE COW-BOY NORD-AMÉRICAIN

Les cow-boys de l'Ouest sont devenus célèbres grâce aux spectacles, tel celui de Buffalo Bill, le *Wild West Show*. En réalité, leur travail était pénible, souvent monotone, parfois dangereux et toujours mal payé. Durant la courte période du développement de l'élevage dans l'Ouest, la plupart de ces cow-boys étaient jeunes. Les Américains blancs, modestes en nombre, éclipsèrent cependant la majorité de Mexicains, de Noirs et d'Indiens employés comme cow-boys. Environ 35 000 cow-boys travaillèrent dans les ranchs et suivirent les pistes du bétail.

Selle californienne, avec une fourche en A, des années 1870

Concha *en argent*

Cow-boy américain du XIXe siècle portant des *chaps* en « aile de chauve-souris »

UN CANASSON QUI TRAVAILLE DUR

La monture du cow-boy était souvent le mustang, le descendant des chevaux andalous d'Espagne redevenus sauvages (pp.12-13). Tenant du mesteña espagnol, il était nerveux et sûr. A partir de 1900, accusés d'être trop nombreux à se nourrir de pâturage au détriment du bétail, les mustangs sont massacrés. Mais depuis 1970, ils sont protégés par la loi américaine.

LE « CSIKÓS » DE HONGRIE

En Hongrie, la *puszta*, immense plaine, est le domaine du *csikós*, le cow-boy hongrois. Renommés pour leur adresse de cavalier, les *csikósok* sont les gardiens de chevaux et de bœufs gris aux longues cornes. Bleu pour les gardiens de chevaux et blanc pour ceux du bétail, leur costume demeure conforme à la tradition, tout comme l'utilisation de longs fouets.

« CHARROS » ET « VAQUEROS »

L'élevage dans le Nouveau Monde commença au Mexique, colonisé par les Espagnols, au début du XVIe siècle. Les *charros*, propriétaires fonciers, employaient pour le gardiennage du bétail les *vaqueros*, qui sont à l'origine du métier de cow-boy. L'influence des *vaqueros* dans le sud-ouest des Etats-Unis fut considérable, et se traduit par l'emprunt de nombreux termes espagnols dans le vocabulaire des cow-boys américains.

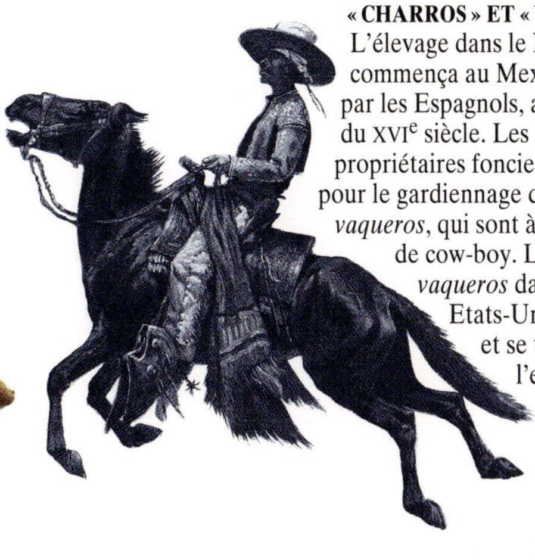

IL ÉTAIT UNE FOIS AU MEXIQUE...

Les conquérants espagnols qui envahirent le Mexique au début du XVIe siècle introduisirent avec eux de nouveaux animaux : des bovidés à longues cornes et des chevaux. Beaucoup de colons choisirent l'élevage en raison de la réputation dont il jouissait et des bénéfices qu'il apportait. De fait, le pays avait besoin de peaux, de cornes, de graisse et de viande. En 1848, lorsque le Mexique perdit ses territoires septentrionaux au profit des États-Unis, l'élevage s'était développé du Texas à la Californie. Propriétaires aisés, les « charros » se plaisaient à étaler leur richesse dans une profusion d'ornements en argent. Les techniques de l'élevage se répandirent, depuis le Mexique, dans toute l'Amérique, et les chevaux échappés des enclos espagnols redevinrent sauvages, donnant naissance aux mustangs des États-Unis, aux pasos du Pérou et aux criollos de l'Argentine.

UNE MAGNIFIQUE MONTURE
Les *charros* importaient parfois des chevaux des Etats-Unis, comme ce palomino de selle, une solide race du Kentucky, capable de couvrir de grandes distances sans fatigue. Les étriers sont habillés de *tapaderos*, longues enveloppes de cuir, bien ajustées, qui maintiennent le pied et le protègent des buissons épineux ou des morsures de chevaux.

Vue de dos du *charro* à cheval

ÉTRIERS EN FORME DE CROIX
Les étriers, connus depuis le VIIIe siècle en Europe, permettaient aux cavaliers lourdement armés de se maintenir en selle. Equipés légèrement, les nomades d'Asie et les Indiens n'en avaient guère besoin pour combattre. Ces étriers de fer ont probablement appartenu à un conquistador du Mexique au XVIe siècle. De facture soignée, leur forme rappelle que le cavalier avait le sentiment d'être un croisé.

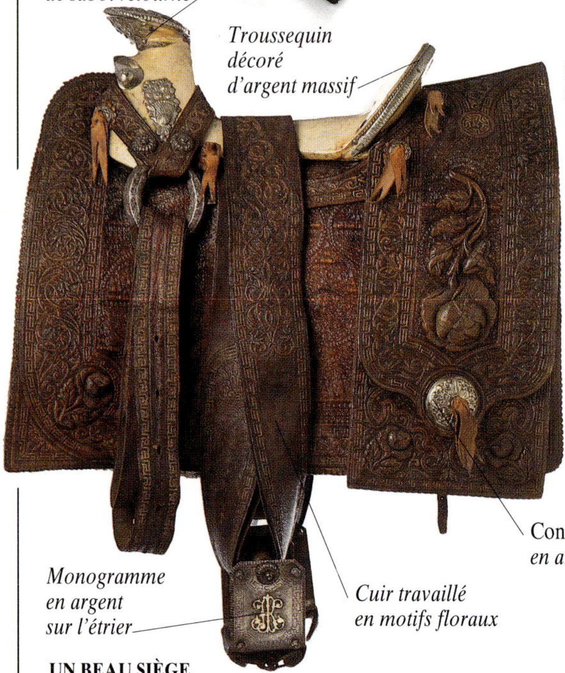

SELLE D'ARGENT
Cette magnifique selle de *charro*, toute ciselée et brodée de fil d'argent, a été fabriquée vers 1870 par David Lozano, un bourrelier de Mexico. Le pommeau, le troussequin ainsi que les *conchas*, les petites pièces qui maintiennent les attaches de la selle, sont couverts d'argent. Une selle de cette qualité ne pouvait appartenir qu'à un grand propriétaire, un *hacendado*.

Côté gauche

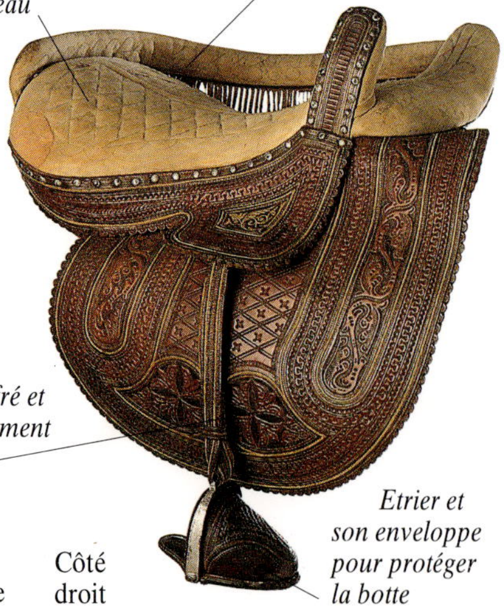

Côté droit

Selle mexicaine de femme, fin du XIXe siècle

UN BEAU SIÈGE
Au XVIIe siècle, les femmes portaient de longues robes et ne pouvaient donc monter qu'en amazone. Cette selle d'amazone de la fin du XIXe siècle comporte un petit rebord de soutien à gauche, un sac en dessous et un étrier sur le côté droit. S'appuyant de son pied droit passé dans l'étrier, la cavalière passait sa jambe gauche autour du pommeau rembourré, faisant ainsi reposer son pied gauche sur son genoux droit : c'était une position beaucoup plus sûre qu'il n'y paraît ! Le siège en peau de daim décorée atteste la richesse de la propriétaire de cette selle.

UN VÉRITABLE ARTISTE
Au XIXe siècle, les artisans anglais se tenaient informés de l'expansion mondiale de l'élevage. Ce dessin d'un *charro* est tiré de l'ouvrage *Selles de tous les pays*, que publia Thomas Newton pour promouvoir sa production. Newton, mort en 1889, reprit à 17 ans les affaires de son père, maréchal-ferrant, et devint le meilleur bourrelier de Walsall, non loin de Birmingham en Grande-Bretagne.

UN CHAMPION
Le *charro* avait un costume et un équipement fonctionnels et facilement reconnaissables. Il a hérité ses talents de cavalier de ses ancêtres hispaniques, qui arrivèrent avec les premiers conquérants du Mexique, tels que Hernán Cortés (1485-1547). Les grandes *haciendas*, propriétés de riches *charros*, employaient de pauvres *vaqueros*. Un *vaquero* ne possédait pas de terre, souvent pas même un cheval ; du Mexique au Canada en passant par les Etats-Unis, ce fut le modèle du premier cow-boy.

Un *charro* mexicain sur un palomino de selle de 10 ans, avec brides et harnais de poitrine assortis. La selle est fabriquée par l'Américain d'origine suédoise Edward H. Bohlin (1895-1980), le « sellier des stars » des westerns d'Hollywood.

UNE SELLE MAGNIFIQUE
Cette selle de *charro* date du début du XXe siècle. Elle est décorée avec soin, tout comme le pommeau argenté ; l'arçon est orné de dessins rehaussés de motifs d'argent. Grâce au relief de ces décorations, la selle est moins glissante et de ce fait le cavalier est plus stable.

Fer à cheval en argent

Cuir rehaussé de fil d'argent

Troussequin dont le dossier est pourvu d'un arceau argenté

DES « VAQUEROS » COURAGEUX

Bien que d'origine paysanne, les « vaqueros » (de l'espagnol « vaca » : la vache) ne s'en sentaient pas moins différents des fermiers. Ils étaient fiers d'effectuer un travail qui exigeait courage et endurance. Comme les gauchos, ils dédaignaient les armes à feu pour vider une querelle. En 1823, le roi d'Hawaii, Kamehameha III, demanda à des « vaqueros » de former les cow-boys de l'île, les « paniola ». En Californie, au Nouveau-Mexique et au Texas, les « vaqueros » constituèrent une bonne partie de la main-d'œuvre des ranchs jusqu'à la fin du XIXe siècle.

Très belle selle mexicaine des années 1900 avec sous-ventrière (ci-dessous) et éperons travaillés (à droite)

LES HABITS DU DIMANCHE
On ne portait ces costumes que pour se rendre à l'église, à un mariage, à des funérailles ou à des fêtes. Ils dénotent un mélange de traditions hispaniques anciennes, des XVIIe et XVIIIe siècles, avec le goût du Mexique moderne.

Les motifs de la boucle en arceau d'argent de la sous-ventrière sont les mêmes que ceux de la selle et de l'éperon.

Un éperon à clochettes, du début du XXe siècle, fabriqué par G. S. Gracia (1864-1933), un artisan californien spécialiste du damasquinage

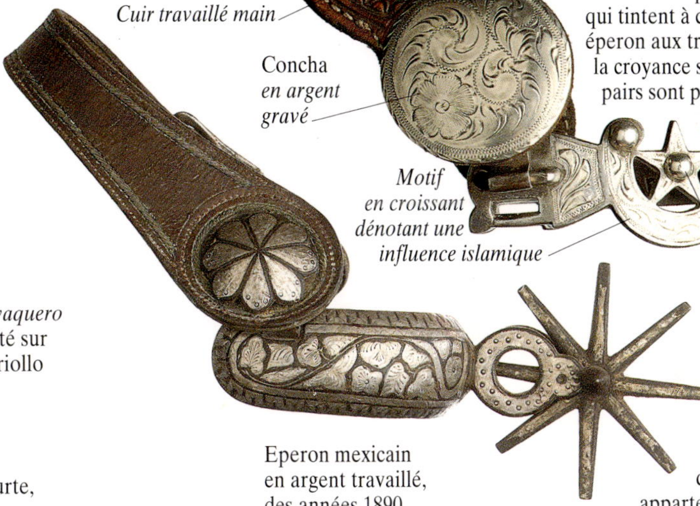

UN GOÛT POUR LE BAROQUE
Les éperons mexicains révèlent souvent une passion pour des décors chargés, comme ces montants d'éperon incrustés d'argent. A l'attache de la molette sont suspendus de minuscules grelots qui tintent à chaque mouvement. Cet éperon aux trois clous argentés évoque la croyance selon laquelle les nombres pairs sont parfaits mais portent malheur !

Cuir travaillé main

Concha *en argent gravé*

Motif en croissant dénotant une influence islamique

Clou argenté

Clochette

Un *vaquero* monté sur un criollo

Eperon mexicain en argent travaillé, des années 1890

VENUS DU CIRQUE DE BUFFALO BILL
Ces éperons incrustés d'argent, à bras relevé, appartenaient à un membre du cirque de Buffalo Bill.

UN VAQUERO AU TRAVAIL
La tenue de travail était fort variée. Elle associait la veste courte, les pantalons de laine larges et le sombrero en feutre. Les *vaqueros* les plus pauvres étaient vêtus, comme les paysans, d'un manteau, le *serape*, de pantalons en coton et d'un chapeau de paille.

UN RICHE PROPRIÉTAIRE
Les formes tarabiscotées et surchargées de cet éperon, de la selle et de la sous-ventrière attestent la richesse et l'orgueil de leur propriétaire.

Eperon à molette de huit dents à bras relevé

TELS UNE PATTE DE COQ
Ces éperons pointus, qui ressemblent aux ergots d'un coq de combat, étaient plus rares que les éperons à molette.

Eperon pointu mexicain dénotant une influence mauresque

Niello *damasquiné avec un fil d'argent*

Eperon de 2,2 cm de long

CRAVACHES ASSORTIES
Les cravaches mexicaines, *cuertas*, étaient en cuir tressé. Le manche en bois pouvait être lesté de plomb pour frapper un cheval qui se cabre ou dresser une bête sauvage.

Cravache mexicaine des années 1900

Latigo, *lanière de cuir fourchue*

Cuir tressé

DES CAVALIERS DE RENOMMÉE MONDIALE
William Cody, dit Buffalo Bill (1846-1917), chasseur de bisons, éclaireur, acteur, héros de roman populaire, crée le premier spectacle consacré à l'Ouest américain en 1883, le *Wild West Show*. Il effectuera pendant trente ans des tournées aux Etats-Unis et en Europe. Un numéro intitulé « Des cavaliers de renom mondial » présentait un éventail de cavaliers dans lequel figuraient des *vaqueros*.

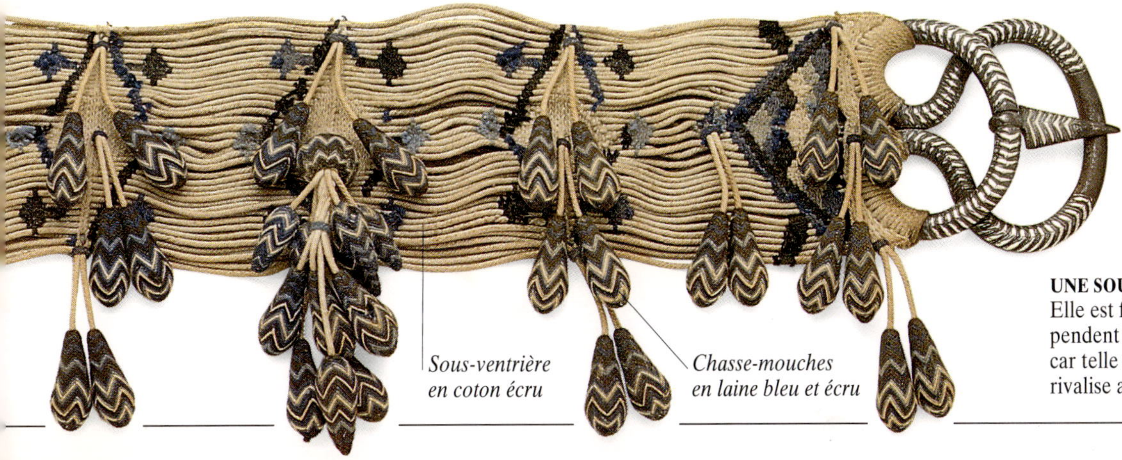

Sous-ventrière en coton écru

Chasse-mouches en laine bleu et écru

UNE SOUS-VENTRIÈRE
Elle est faite de cordes de coton écru auxquelles pendent des pompons baptisés chasse-mouches, car telle est leur fonction. Le luxe de ses décorations rivalise avec celui de la selle et des éperons ci-contre.

LE CHOIX DE LA MONTURE EST CAPITAL

Le cheval est « la plus belle conquête de l'homme ». Depuis sa domestication dans l'est de l'Europe, 4 000 ans av. J.-C., il est indissociable de l'histoire de l'humanité. Il a permis à des nomades tels que les Mongols et les Huns de déferler sur notre continent ; monté ou tirant un char, il a bouleversé l'art de la guerre ; force essentielle de traction dans l'agriculture, il a été l'un des artisans majeurs de l'élevage du bétail. Les chevaux sauvages ont disparu sauf l'espèce de Prjewalski. Aujourd'hui, tous les chevaux du monde descendent d'animaux domestiqués et constituent une seule espèce, « Equus caballus ». L'environnement et les croisements ont produit de nombreuses diversifications quant à la qualité, la taille, la couleur et bien d'autres caractères.

« LAISSE-LE FILER, BILL »
Cette peinture de Frederic Remington représente un cow-boy essayant de dompter un cheval sauvage. On dresse l'animal avec un *hackamore*, muserolle de cuir tressé, et on le selle, puis le cow-boy tente de l'immobiliser pour briser sa résistance à coups de cravache et d'éperons si besoin est.

Joe's Fancy Freckle est une jument quarterhorse de 6 ans, haute de 14,30 « mains » (une main mesure 10,16 cm).

Sacoche de selle intégrée

Sous-ventrière de flanc qui maintient mieux la selle lorsque le veau tire le lasso attaché au pommeau

COW-BOY ORIENTAL
Les cavaliers de la horde de Gengis Khan (1162-1227), qui lui offrirent un empire de la Chine occidentale à la mer Noire, galopaient sur des poneys poilus de Mongolie. Les bouviers kazakh du nord-ouest de la Chine en élèvent encore.

LE CHEVAL DU GAUCHO
Comme le mustang du Nord, le criollo descend des chevaux andalous qui se sont répandus du Mexique à travers tout le continent. Fort, adroit, le pied sûr, il devint en Argentine la monture de prédilection des gauchos, cow-boys de la pampa. Croisés avec des pur-sang, les criollos donnèrent naissance aux célèbres chevaux argentins de polo.

UN CHEVAL TEXAN
Ce cow-boy texan des années 1885 chevauche un mustang. Indiens et cow-boys utilisaient les mustangs descendants des chevaux andalous du XVIe siècle qui s'échappèrent et se multiplièrent dans les Grandes Plaines nord-américaines. Bien que petit, ce cheval est résistant et très travailleur.

LE PREMIER ÉLEVAGE AMÉRICAIN
En Virginie, au XVIIe siècle, des colons ont effectué des croisements de leurs chevaux anglais avec des andalous qui ont donné des quarterhorses. Ce nom vient d'un sport populaire à l'époque, les courses sur un quart de mile, le quarterhorse étant capable d'une accélération extraordinaire. Associant un excellent équilibre à une grande agilité et une grande force, il devint la monture parfaite pour garder les troupeaux.

LE CAMARGUE
Descendant peut-être des chevaux asiatiques des Huns, qui envahirent l'Europe en 300-400 de notre ère, ces chevaux blancs sont élevés en liberté dans les marais de Camargue.

Camargue

UN HONGROIS
Le nonius de Hongrie est issu de nombreux croisements, notamment avec des étalons normands. Assez lent, il n'en demeure pas moins adapté à toutes sortes de tâches.

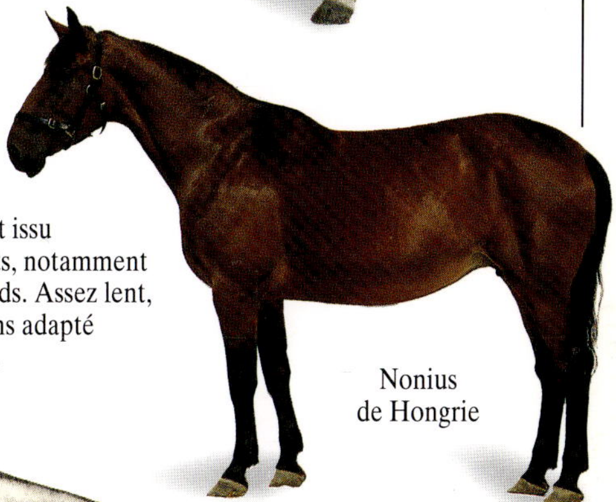
Nonius de Hongrie

L'ANDALOU TRADITIONNEL
Elevé depuis fort longtemps dans le sud de l'Espagne, l'andalou a été introduit par les conquistadores dans le Nouveau Monde au début du XVIe siècle. Ses principales qualités demeurent la force et l'endurance.

Andalou

Lusitano du Portugal

LE PONEY PORTUGAIS
Semblable à l'andalou, le lusitano du Portugal était particulièrement apprécié comme cheval de cavalerie. Son courage et son agilité en font la monture idéale pour les corridas.

UNE CLOCHE POUR JUMENT DE TÊTE
En Camargue, on accroche des clochettes au cou des taureaux, ou des vaches, chefs de troupeau. En Amérique du Nord, on mettait une cloche à la jument de tête pour retrouver facilement un troupeau sur le pâturage et l'empêcher de s'éloigner.

LES COSAQUES
Les Cosaques de Russie étaient des cavaliers hors pair. Ils constituaient une extraordinaire cavalerie légère. Après s'être opposés à l'expansion de l'empire des tsars, ils entrèrent au début du XIXe siècle dans l'armée impériale. Elevés dans les steppes, leurs chevaux du Don étaient d'une endurance inouïe et capables de se nourrir dans un milieu désertique.

TOUS EN SELLE

Un cow-boy reste à cheval jusqu'à quinze heures par jour. Sa selle est donc la partie la plus importante de son équipement. Si les chevaux lui sont prêtés par les éleveurs, la selle, en revanche, lui appartient : elle lui a coûté un mois de salaire mais elle durera trente ans. Les selles de cow-boy ont beaucoup évolué depuis la selle de guerre espagnole du XVIe siècle, dont le pommeau élevé et le troussequin redressé étaient destinés à maintenir un cavalier avec son armure. Avec le temps, les selles ont changé de forme et se sont allégées mais la base est toujours la même : une armature de bois couverte d'une peau humide qui consolide le cadre en séchant, l'ensemble étant recouvert de cuir travaillé.

AU CŒUR DU TEXAS
Cette selle texane Mac Clennan, des années 1850, possède un pommeau épais pour accrocher le lasso, et des protections contre la sueur.

Fourche d'arçon

« Cache-poussière »

Pommeau

Petit quartier

UN ARÇON
Cette selle californienne des années 1870 possède un arçon en forme de A, un pommeau étroit et des étriers en bois évidé. Plus légère que les selles du Texas ou de Denver, elle est mieux supportée par le cheval.

Pommeau en cuir où l'on attache le lasso

UNE BONNE ASSIETTE
Cette selle de Denver, vers 1890, est plus longue que celle de Mac Clennan, avec un bâti garni de cuir. Les cow-boys apprécient sa meilleure assiette, mais sa longueur et son poids (18 kg) provoquent parfois des plaies sur le dos du cheval.

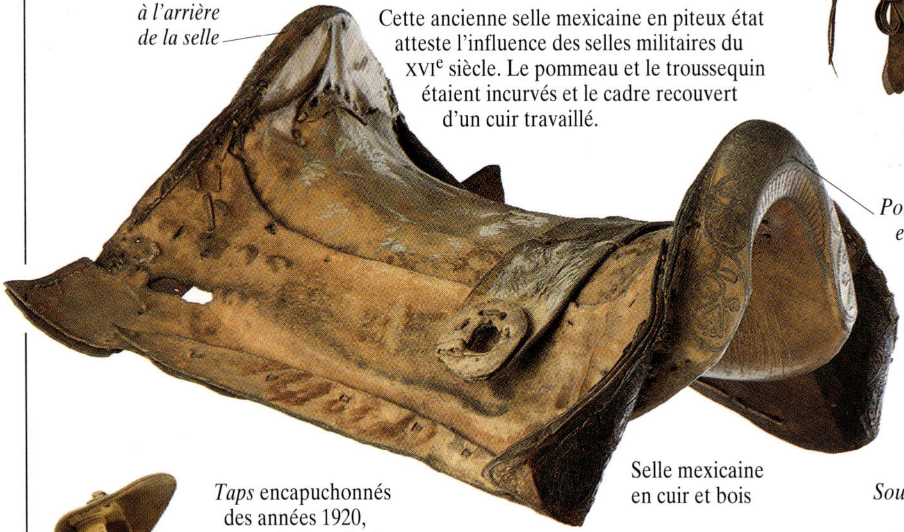

Troussequin, à l'arrière de la selle

Cette ancienne selle mexicaine en piteux état atteste l'influence des selles militaires du XVIe siècle. Le pommeau et le troussequin étaient incurvés et le cadre recouvert d'un cuir travaillé.

Pommeau en bois sculpté

Selle mexicaine en cuir et bois

SELLE DE TRI
Cette selle canadienne des années 1890 était utilisée pour le tri : sa double sangle est conçue pour la capture du bétail au lasso. La sangle arrière permet de maintenir l'équilibre lorsqu'une vache est prise au lasso : l'animal bascule en avant, donnant ainsi au cheval l'ordre de s'arrêter.

Sangle

Sous-ventrière

UNE DU NORD
Les selles plus tardives, vers 1900, des pâturages du Montana et du Wyoming sont recouvertes d'un quartier large jusqu'au sommet du pommeau.

Pommeau

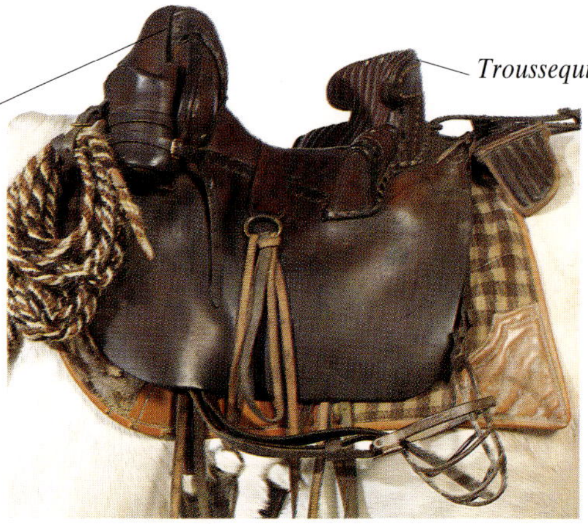

Pommeau

Troussequin

SELLE DE CAMARGUE
La selle du gardian de Camargue a un troussequin incurvé, un pommeau large et épais, des étriers en fer grillagés. On fixe la corde (*seden* en provençal) à la base du pommeau.

Taps encapuchonnés des années 1920, confectionnés dans un cuir de vache très résistant

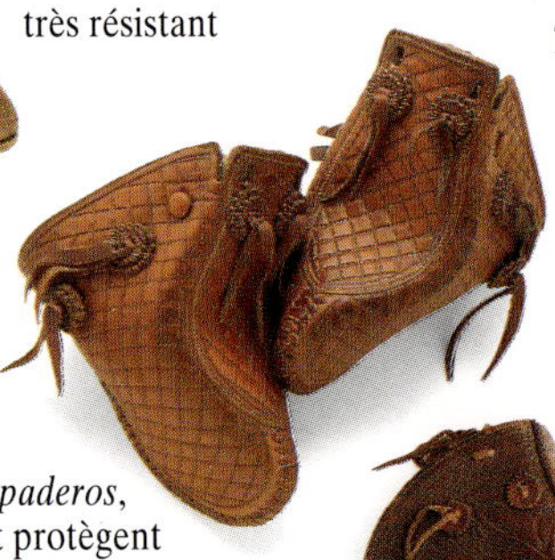

Taps en cuir travaillé des années 1970, fourrés en peau de mouton pour réchauffer les pieds

DES « TAPS » SOLIDES
Les *taps*, de l'espagnol *tapaderos*, enveloppent les étriers et protègent parfaitement le pied contre les épines de cactus, la pluie et la neige. Les deux paires ci-dessus sont dites « en groin de porc » et celle de droite, « en bec d'aigle » en raison de leur forme.

Taps des années 1890 tels qu'on les portait dans le cirque de Buffalo Bill

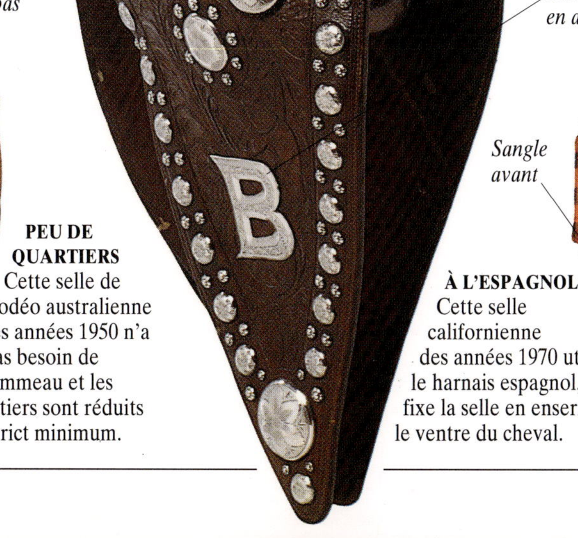

SELLE COUVERTE D'ARGENT
Cette magnifique selle a été fabriquée par Edward H. Bohlin. La décoration du troussequin et du pommeau est en argent ; l'arçon, le tablier de selle et le quartier sont couverts de *conchas*, ainsi que les protections contre la sueur et les *taps*. Toute l'enveloppe en cuir (25 kg) est travaillée à la main.

L'ATTACHE TROIS QUARTS
L'attache de cette selle californienne des années 1980 assure un bon équilibre et facilite le maniement du lasso.

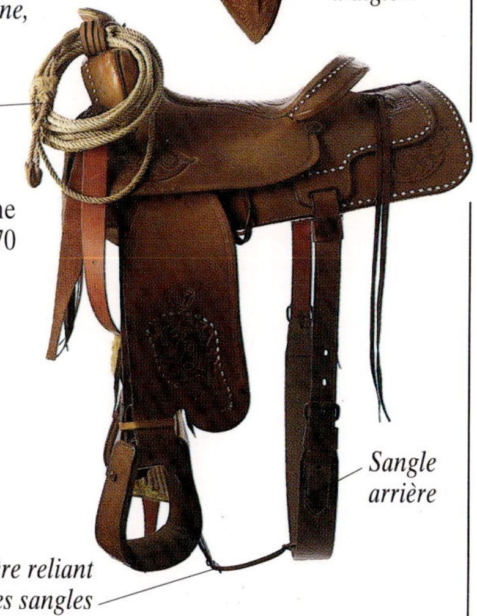

Selle américaine des années 1970

À L'ESPAGNOLE
Cette selle californienne des années 1970 utilise le harnais espagnol, qui fixe la selle en enserrant le ventre du cheval.

PEU DE QUARTIERS
Cette selle de rodéo australienne des années 1950 n'a pas besoin de pommeau et les quartiers sont réduits au strict minimum.

LES HARNAIS
Ils maintiennent la selle lors de la traction du lasso. Une sous-ventrière bien maintenue empêche tout glissement de la selle.

COMMENT SELLER UN CHEVAL ?

Chevaucher fermement un animal de plus de un mètre soixante de haut et le maîtriser, c'est être le digne héritier d'un savoir équestre séculaire. Les Égyptiens utilisaient déjà les brides en 1600 av. J.-C. : le cavalier était alors assis sur un petit coussin ou une couverture, car la véritable selle ne fut inventée que vers 350 apr. J.-C. Un siècle plus tard, les Huns furent les premiers à mettre au point les étriers. Au XVIe siècle, les cavaliers espagnols, parmi les mieux équipés et les meilleurs d'Europe, transportèrent leur art en Amérique. Les cow-boys mirent ces connaissances à profit et les adaptèrent au milieu naturel. Leur selle était une sorte de plate-forme sur laquelle ils transportaient leur équipement de travail. La bride permettait de contrôler le cheval en tirant le moins possible sur les rênes.

1 ON COMMENCE PAR LA BRIDE

Sans une bride, on ne peut maîtriser le cheval. Elle comporte un mors et une têtière, glissée autour de ses oreilles. Le mors est une pièce de métal que l'on passe dans sa bouche et qui tient sans que l'animal ait besoin de serrer les dents.

UN MORS MAMELOUK

Le *mamelouk*, comme les anciens mors à palette hispano-américains, est muni d'une palette saillante qui agit sur la langue du cheval. Une simple pression sur les rênes suffit pour que le cheval ressente une douleur provoquée par ce mors. Les rênes sont reliées à une gourmette pour que l'animal ne mouille pas le cuir.

LES OUTILS DE L'ARTISAN

Les outils du bourrelier sont fort simples : un couteau à lanière pour tailler le cuir en différentes largeurs ; une mailloche pour aplanir le cuir sans laisser de marques ; un couteau à émincer, utilisé comme un rabot de charpentier ; un sac de son mouillé avec lequel l'artisan frappe le cuir pour humidifier les plis qui se sont formés lors du séchage ; enfin, la demi-lune demeure très pratique pour découper le cuir en lui donnant différentes formes.

Siège en bois recouvert de plusieurs couches de laque

À PARTIR D'UNE PIÈCE DE BOIS

La pièce de bois vient d'un pin bien veiné et sans nœud, le pommeau étant vissé sur la fourche. Celle-ci est couverte d'une peau mouillée, qui sèche à bonne température, avant de recevoir plusieurs couches de laque.

LA CONSTRUCTION

La selle est constituée de plusieurs épaisseurs de cuir, chacune étant taillée puis cousue encore mouillée : la première prend le pommeau ; les suivantes vont sur les côtés de la fourche, le siège, la fourche, le troussequin, le tablier et le quartier.

Couverture de selle

Le cavalier relève l'étrier sur la selle pour fixer la sangle de sous-ventrière.

Rêne de gauche laissée lâche

Sangle de sous-ventrière

3 **SERRER LES SANGLES**
La selle est placée en dernier. On relève l'étrier gauche pour serrer la sangle de devant et la lanière de la sous-ventrière. Redoutant la pression, le cheval gonfle la poitrine, obligeant le cavalier à appuyer avec son pied contre les côtes de sa monture pour serrer la sous-ventrière.

UN PETIT SAUT
Pour éviter que les chevaux ne partent à l'aventure la nuit, les cow-boys leur entravaient les jambes antérieures. Ces entraves n'empêchent pas le cheval de se déplacer pour brouter mais il ne peut avancer qu'à petits pas.

Entraves en cuir

2 **PUIS LA COUVERTURE DE SELLE**
Les rênes sont attachées aux extrémités du mors. Les chevaux employés dans l'élevage sont dressés à rester immobiles une fois les rênes lâchées. Ensuite, on met la couverture de selle. En laine épaisse, elle absorbe la sueur de l'animal, évitant ainsi les blessures causées par l'échauffement de la selle.

Romal, *sorte de cravache qui relie les rênes*

Rênes

LES RÊNES ET LES CRAVACHES
Certaines brides hispano-californiennes avaient des rênes rigides appelées *romal*. Les cow-boys préféraient les brides souples et non reliées : s'ils les lâchaient, ou si un cheval livré à lui même s'égarait dans les buissons, elles ne s'emmêlaient pas.

Le lasso est attaché soit au pommeau, soit à un anneau.

Enveloppé dans un ciré, le sac de couchage reste au sec sur le dos du cheval aussi bien qu'au sol.

Joe Hawkeye, un quarterhorse de 9 ans d'une hauteur de 15,10 « mains », soit 1,60 mètre

Le cheval n'aime pas la sous-ventrière serrée.

4 **FIN PRÊT**
Le cheval est maintenant prêt à travailler. Comme les cow-boys prennent avec eux tout ce dont ils ont besoin, le cheval et la selle supportent une grande partie de l'équipement. Le lasso est attaché au pommeau avec une lanière en cuir. Les sacoches, fixées en dessous du troussequin, contiennent de petits objets plus fragiles ; au-dessus se trouve le sac de couchage, soigneusement enroulé.

L'OUEST EN A FAIT DES HÉROS

La majorité des cow-boys venait du Sud ; les autres de l'Est, du Midwest, le centre des États-Unis, et même d'Europe. L'épopée des cow-boys commença en 1866, avec l'ouverture des pistes du Texas, et s'acheva vingt ans plus tard quand l'élevage extensif s'effondra en raison de la chute des prix, de la clôture des terres et du terrible hiver de 1886-1887. Au Canada, les cow-boys travaillaient sur de gigantesques ranchs qui se développèrent dans les années 1880. Là encore, l'opposition des fermiers qui clôturaient leurs terres et l'hiver glacial de 1907 eurent raison de ce mode de vie. La fonction du cow-boy change : il devient simple employé dans un élevage industriel et son image se modifie. Perçu jusqu'en 1885 comme brutal et alcoolique, le cow-boy devient soudain héros national. Écrivains et artistes font de lui le symbole du courage, de la détermination et de l'individualisme, autant de valeurs en voie de disparition dans l'Amérique industrielle de la fin du XIXe siècle.

Stetson à 5 X

Cow-boy canadien contemporain tenant une selle de tri

Bordure décorée de la selle, avec un frontal et une lanière de flanc traditionnels

Frontal

Lanière de flanc

« DEADWOOD DICK »
Souvent oubliés dans la littérature et le cinéma, les cow-boys noirs représentaient un cinquième du total. Nat Love (1854-1921) était l'un des plus célèbres parce qu'il rédigea en 1907 son autobiographie : elle se lit comme un roman ! Conducteur de bétail, champion de rodéo, combattant contre les Indiens, tireur d'élite, il apparaît sous les traits du héros du roman populaire écrit par Edward L. Wheeler en 1880, *Deadwood Dick*.

LE COW-BOY DU MONDE CONTEMPORAIN

Aujourd'hui, beaucoup de cow-boys travaillent dans l'élevage industriel. Les ranchs ont décliné en taille et en nombre depuis 1940, et la majorité emploient 75 % d'ouvriers agricoles en moins. Cow-boys et chevaux sont transportés du ranch au pâturage en camion, et, dans les régions arides, certains propriétaires surveillent les troupeaux du haut d'un hélicoptère. La mécanisation des *pick up*, camions avec plate-forme arrière pour les animaux, est à l'origine des « cow-boys motorisés ». Néanmoins, on recourt aux pratiques traditionnelles lors d'un rassemblement de bêtes ou pour le dressage d'un cheval. Des cow-boys chevauchent encore des quarterhorses, mais avec de meilleures selles. Les vêtements, eux, ont peu changé.

EN ROUTE POUR LE MONTANA

Après un séjour au Montana, en 1881, l'artiste new-yorkais Frederic Remington se veut le témoin d'un Ouest qui meurt. Une voie que suit le futur président Theodore Roosevelt (1858-1919) en écrivant, en 1888, *Ranch Life and the Hunting Trail*, dont Remington fit les illustrations.

Cow-boy du Montana portant des *woollies* et tenant une cravache

Quarterhorse

Pinto présentant les marques caractéristiques de l'ovaro

Appaloosa tacheté

VOYEZ LA DIFFÉRENCE

Certains cow-boys et la majorité des Indiens préféraient des chevaux aux robes peu communes tels que les pintos et les appaloosas. Le pinto est soit marron avec des marques blanches et c'est l'ovaro, soit blanc avec des marques marron et c'est le tobiano. L'appaloosa tacheté tire son nom d'une rivière de l'Oregon, la Palouse, où il fut élevé pour la première fois au début du XVIIIe siècle par les Indiens nez-percé.

L'INDIEN

On admet aujourd'hui que les Indiens étaient les meilleurs cow-boys ! En Oklahoma, concédé d'abord aux Indiens, la majorité des cow-boys se recrutait parmi les Indiens que les Américains avaient déportés dans ce territoire. Ils s'habillaient comme les cow-boys blancs mais portaient des chapeaux ronds ornés de plumes et de perles, fabriqués par des Anglais qui les exportaient vers l'Ouest.

UN VIEUX GARDIEN DE L'ARIZONA

En 1901, lorsqu'il peint ce portrait d'un cow-boy de l'Arizona, Remington se fie à sa mémoire et à ses notes. Les détails sont réalistes mais l'artiste a délibérément créé un personnage qui correspond à la vision de l'Ouest romantique alors en vogue dans l'opinion publique.

DRAPEAU AU VENT, LE DRAPEAU TEXAN

Berceau de l'élevage américain, le Texas s'est toujours considéré comme le véritable Ouest. D'abord province mexicaine, il est envahi par des colons américains qui se révoltent en 1836. Après la défense héroïque mais désespérée du fort Alamo, les Texans écrasent l'armée mexicaine et obtiennent leur indépendance. La république du Texas rejoint les Etats-Unis en 1845.

Trou pour laisser passer l'air

Akubra australien

Chapeau de gardian

DEUX CHAPEAUX
Répondant aux mêmes besoins, les chapeaux de cow-boy ont partout des formes à peu près identiques. En Australie, à l'intérieur des terres, tous les gardiens de troupeau portent l'*akubra*. Le chapeau du gardian de Camargue est de forme plus moderne.

UN CHAPEAU POUR LA VIE

Le chapeau est la particularité du cow-boy. Les styles varient, du sombrero au Stetson, les fonctions restant les mêmes. Sous un soleil de feu, la calotte haute maintient la tête au frais et les bords très larges protègent les yeux et le cou. Sous la pluie ou la neige, le chapeau est en quelque sorte un petit parapluie, de même qu'il met le visage à l'abri des branches basses. En feutre de bonne qualité, il dure des années. Il faut qu'il soit solide car il a de multiples usages : cravache, seau à eau, soufflet pour activer un feu ou l'éteindre ; parfois même, le chapeau devient un oreiller.

UNE MARQUE CÉLÈBRE
Après 1885, la majorité des gens de l'Ouest portait des Stetson. A partir de 1906, l'entreprise en vendit deux millions par an.

CHAPEAU DE STAR
Roy Rogers, interprète de héros « positifs », portait toujours un chapeau blanc.

Broderie en fil d'or révélatrice de la richesse du propriétaire

CHAPEAU MEXICAIN POUR DANSER
Cet élégant chapeau de feutre d'avant 1870 est décoré de fils d'or brodés. De très larges bords, une bande en crinière de cheval tressée et une calotte haute, en pain de sucre, sont les caractéristiques du sombrero (de l'espagnol *sombra* : ombre).

Ruban en corde

UN CHAPEAU TEXAN
Ce chapeau baptisé « homme des Plaines » est dérivé du sombrero mexicain, mais sa calotte est basse et ses bords sont plats. Il connut une grande vogue parmi les cow-boys du Sud-Ouest américain jusque dans les années 1880.

Ruban de rênes tressées

Stetson noir à larges bords, des années 1900

TRÈS HAUT DE FORME
Bob Hope, né en 1903, porte dans *Le Fils du Visage-Pâle* un Stetson deux fois plus haut que d'ordinaire. Cette hauteur se mesure en gallons en Amérique, en « lignes » en France.

LA FAMILLE STETSON
L'Anglais John B. Stetson (1830-1906) découvre les besoins des hommes de l'Ouest alors qu'il prospectait de l'or dans le Colorado. Originaire d'une famille de chapeliers, il ouvre une usine à Philadelphie, en Pennsylvanie, et fabrique ce modèle, qui deviendra célèbre et fera de lui un multimillionnaire.

UN CHAPEAU À CALOTTE PRODIGIEUSE
Ce chapeau à très haute calotte a été surnommé le « dix-gallons ». Seules les vedettes de cinéma portaient le chapeau de vingt gallons.

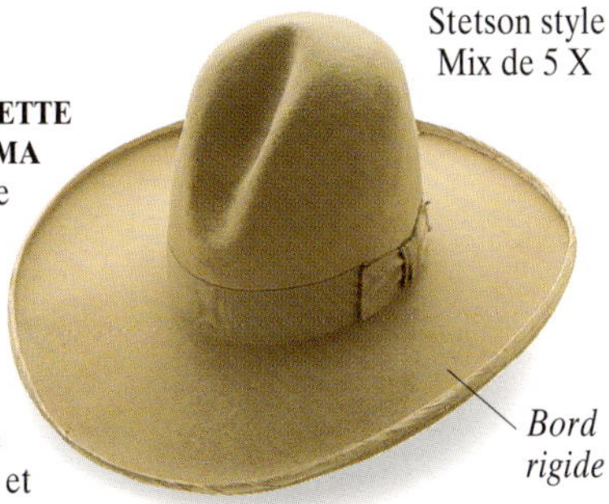

Stetson style Mix de 5 X

Bord rigide

UNE VEDETTE DE CINÉMA
En 1925, l'entreprise Stetson fabriqua un chapeau spécial pour le cow-boy vedette Tom Mix. Son Stetson avait une calotte de 19,50 cm de haut et un bord relevé de 13 cm.

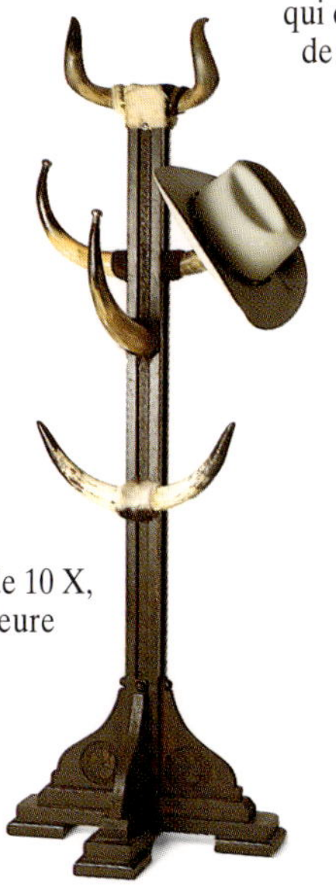

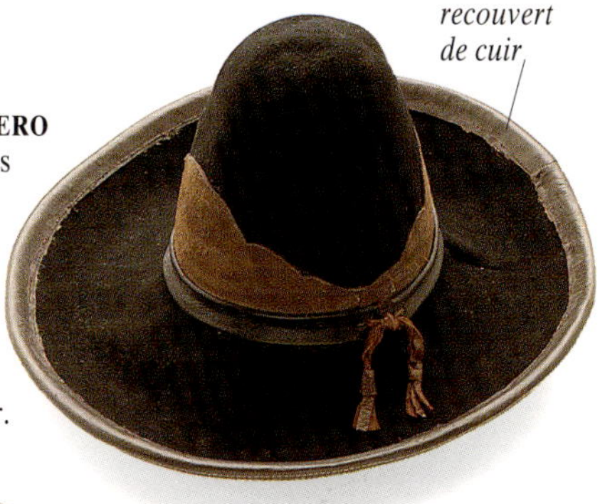

Bord recouvert de cuir

UN SOMBRERO
Les Stetson n'avaient jamais de décorations, sauf les versions fantaisies. Les sombreros, au contraire, étaient souvent agrémentés de décorations, comme ces appliques de daim et ces pompons en cuir.

Stetson de 10 X, la meilleure qualité

Pompons en crinière

D'AUJOURD'HUI
Les Stetson actuels ont une calotte plus basse que les premiers. Celui-ci est d'une excellente qualité, imperméable et creusé d'un large pli à la manière des chapeaux d'éleveurs.

5 X, 6 X
La qualité du feutre, notée par le nombre de X, augmente avec le pourcentage de poils de castor.

PORTE-CHAPEAU
Dans l'ancien Ouest, il n'était pas impoli de garder son chapeau à l'intérieur. Mais l'usage du porte-chapeau, comme celui-ci avec des cornes, n'était pas interdit !

L' « HOMME DES PLAINES »
Ce style de chapeau mexicain a connu des modèles très chers. Celui-ci, des années 1900, est en daim et bordé d'un ruban.

EN PITEUX ÉTAT
Ce sombrero a dû être beaucoup porté. Datant du début du XXe siècle, il appartenait probablement à un *vaquero*. Il ressemble au couvre-chef du bandit mexicain typique des westerns muets.

SOMBRERO EN PAILLE
Moins résistants mais moins chers également que les chapeaux en feutre, certains sombreros mexicains étaient en paille, comme celui-ci qui date des années 1900.

LUCKY LUKE
Imaginé par l'illustrateur Morris, de son vrai nom Maurice de Bevère, Lucky Luke écume l'Ouest depuis 1946. Il chevauche Jolly Jumper et fredonne « I'm a poor lonesome cowboy… » (« Je suis un pauvre cow-boy solitaire… »).

Colt .45 à poignée en corne de bison

ÉTUI DE REVOLVER
Dans les années 1870-1880, l'étui de revolver du cavalier connut une grande vogue : il s'ajustait bien à la ceinture, reposait sur la hanche, et sa forme permettait de dégainer rapidement.

LA PANOPLIE INDISPENSABLE

Le cow-boy choisissait des vêtements adaptés à un travail pénible, au climat et au terrain. Ils devaient être assez solides pour résister à l'usure provoquée par le frottement contre les animaux et à la végétation épineuse, mais ils devaient aussi protéger du soleil ardent et du froid de la nuit. Aux États-Unis, l'influence des traditions locales et du milieu naturel sur le style des vêtements a créé des différences entre le Sud-Ouest (Texas et Nouveau-Mexique) et les Plaines du Nord (Wyoming, Montana et les Dakotas). Les revolvers servaient à la protection des hommes et des animaux mais rares étaient les cow-boys capables de s'en offrir, un colt moderne représentant un mois de salaire. Les propriétaires des Plaines du Nord tentaient de dissuader leurs employés de porter des armes. Certains cow-boys étaient sensibles à la mode : un ancien avouait que les bottes à talon haut avaient pour seule fonction d'attirer l'attention sur soi.

Montre de cheminot plaquée argent

L'HEURE
La montre de poche était plus décorative que réellement utile. Les cow-boys la conservaient d'ailleurs dans leur chambre de peur de la perdre ou de la casser en travaillant.
L'« oignon à un dollar » était le cadeau de retraite du cheminot, mais on le trouvait aussi dans les villes. Les catalogues des magasins de vente par correspondance, ceux de Montgomery Ward ou Sear Roebuck, proposaient également des montres plaquées or et argent garanties vingt ans.

Montre de l'Ouest plaquée or

Dos argenté décoré de motifs floraux

Attache à sangle et à boucle

Manchette californienne des années 1900

Quatre paires de manchettes avec leur décor et leurs fixations

Attache à sangle et pression

Décoration incrustée dans le cuir

Cuir tressé à motif

UN GRAND CHOIX DE MANCHETTES
Pour lancer le lasso, les cow-boys mettaient des gants en daim qui les protégeaient de l'échauffement de la corde. Au début du siècle, ils portaient des manchettes, en cuir, raides, de 13 à 18 cm, serrées par une sangle ou des lacets.
Les manchettes protégeaient les poignets et contenaient les manches de chemise toujours amples.
Les bourreliers ornaient le cuir de toutes sortes de dessins.

1 LE DÉBUT DE LA JOURNÉE
La journée commençait avec un café, dont les grains avaient été broyés entre deux pierres. On le buvait noir et sans sucre. Au travail, les cow-boys n'enlevaient jamais leur caleçon long, ou *long johns*, dont le bas pouvait s'ouvrir, en cas de besoin naturel. Fait en laine rouge, il tenait chaud pendant les nuits froides et absorbait la sueur mieux qu'une chemise pendant la journée.

Les long johns *étaient en général en laine rouge.*

L'empiècement arrière qui se déboutonne permet de ne pas retirer le caleçon en cas de besoin naturel.

2 L'ÉTAPE SUIVANTE

Chemises et pantalons étaient en tissu grossier de laine épaisse. Les cow-boys portaient des bretelles identiques à celles de la cavalerie ; ils évitaient les harnachements en cuir, dangereux sur un cheval démonté, et la plupart évitaient d'être « gênés aux entournures ».

3 PRÊT À PARTIR

Au travail, le cow-boy noue son foulard, le *bandana*, qui lui protège le cou du soleil et lui sert de masque contre la poussière. Il porte une veste mexicaine, des *chaps* étroits, un large Stetson. Son équipement est complété par une paire de bottes montantes, dont les talons de 5 cm sont biseautés et pourvus d'éperons à molette.

Boucles de ceinture californiennes en argent massif

BIJOUX DE COW-BOYS

La boucle de ceinture était souvent le seul ornement décoratif du cow-boy. Les boucles étaient à la mode dans les années 1920 lorsqu'on les offrait en récompense dans les rodéos : elles étaient alors en or ou en argent incrusté de rubis ou de diamants.

Cow-boy texan de la fin du XIXe siècle

Crochet pour empêcher les chaps *de se prendre dans la molette*

Eperon en cuivre avec tête de bison, Texas, 1914

Eperon en fer d'Amérique du Sud des années 1860

Chaînette talonnière pour empêcher l'éperon de remonter

Eperon de travail en acier, du Texas, vers 1900

ÉPERONNÉ
Les molettes sur les éperons ne sont pas destinées à blesser le cheval mais à le ramener à l'ordre. Au milieu de la branche soutenant la molette se trouve un crochet qui empêche les *chaps* ou le pantalon de se prendre dans la molette.

L'ART D'ENFILER SES BOTTES

Les cow-boys ont toujours choisi leurs bottes avec un soin particulier. Dans les années 1880, une paire de bottes coûtait quinze dollars, la moitié d'un mois de salaire. Le talon haut et biseauté empêchait la botte de glisser dans l'étrier et il s'enfonçait solidement dans le sol lorsque le cow-boy prenait une bête au lasso. Les bottes de l'Ouest américain sont restées très en vogue bien que leur forme et leur style aient beaucoup évolué, mais de nos jours on les porte plus par plaisir que par obligation. Les cow-boys ne ménageaient pas leur monture et se servaient sans hésiter des éperons dont les pointes étaient émoussées.

Marque de fer imprimée sur la botte

Dessus du pied en peau de requin

DE GRANDES OREILLES
Les « oreilles-de-mule » descendent sur toute la hauteur de la botte.

Concha *en argent*

BOTTES DE COW-BOY
Elles sont assez hautes pour être portées avec des *armitas*. Les trous pour les doigts permettent de les enfiler plus facilement.

« TUYAUX-DE-POÊLE »
Les bottes dites tuyaux-de-poêle s'arrêtaient au genou et protégeaient bien la jambe. Cette paire date des années 1880 ou 1890. Le talon biseauté était à la mode et rendait la marche pénible et même dangereuse !

Eperon mexicain incrusté d'argent

Eperon plaqué argent et forgé main

Eperon de travail en nickel

BOTTES BASSES
Les bottes basses au bord échancré sont récentes : elles ont été créées pour les premiers cow-boys de western tels que Tom Mix. Celles-ci, achetées en magasin, ont été faites par Tony Lama, à El Paso, au Texas, dans les années 1970. D'abord champion de rodéo, Lama ouvra ensuite une petite fabrique de bottes.

Patte d'éperon en forme de femme, de l'Ouest américain, familièrement appelée « jambe-de-nana »

Eperon en bronze d'origine hispanique, en forme d'épine et travaillé à la main

Le diamètre est de 1,30 cm

Eperon en cuivre d'Amérique du Sud

DES ÉPERONS HISTORIQUES
Les colons espagnols introduisent les éperons au moment de la conquête, au XVIe siècle. Ceux-ci, grands et lourds, sont faits d'un alliage d'argent et de fer qui se laisse travailler et décorer plus facilement. C'est au Texas que se développa ce style mexicain qui, ensuite, se retrouva sur les pistes du bétail vers le nord, au Kansas, au Wyoming et au Montana.

Eperon de 2,60 cm à bout recourbé

Eperon d'origine hispanique en forme d'épine, décoré et travaillé à la main

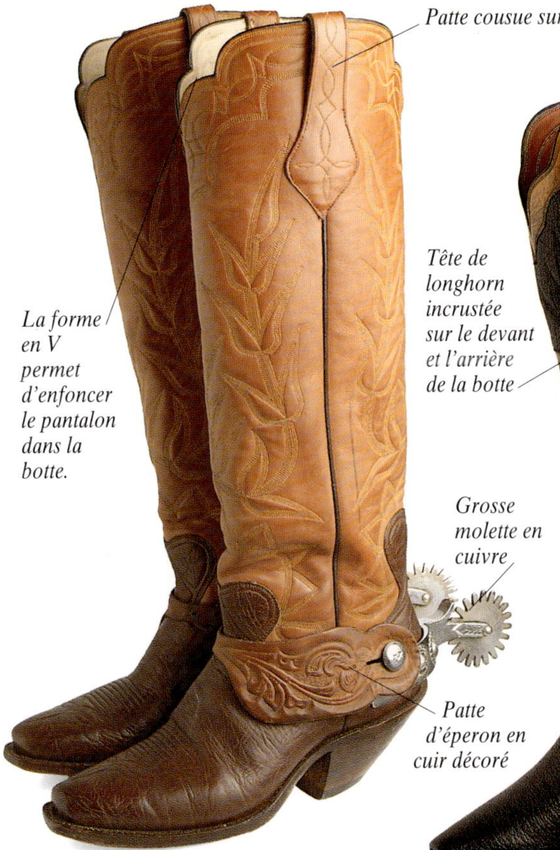

PAS D'ÉCONOMIES
Les surpiqûres qui consolident la botte et évitent les plis au niveau des chevilles coûtent très cher. A partir des années 1920, on applique sur les bottes des empiècements de cuir teinté qui en élèvent encore le prix.

SI LES BOTTES VOUS VONT, PORTEZ-LES
Bien coupées et décorées, elles sont chères, comme cette paire de Blucher, du nom d'un bottier de Fairfax, dans l'Oklahoma. Les cow-boys allaient dans l'eau chaussés de leurs bottes neuves et les gardaient ainsi au pied pendant des jours.

BOTTES POUR CHEVAUCHER
Les talons hauts et biseautés ne facilitaient pas la marche, mais les cow-boys pensaient qu'ils rapetissaient le pied. Les bouts pointus permettent d'enfiler les étriers aisément.

LA MEILLEURE MÉTHODE

Les bottes de cow-boy ne possédaient ni lacets, ni boucles. Il fallait donc les ajuster au cou-de-pied sans qu'elles soient trop lâches au talon. Le meilleur moyen d'enfiler une botte est de se tenir debout, de mettre le pied dedans et de tirer sur les bords.

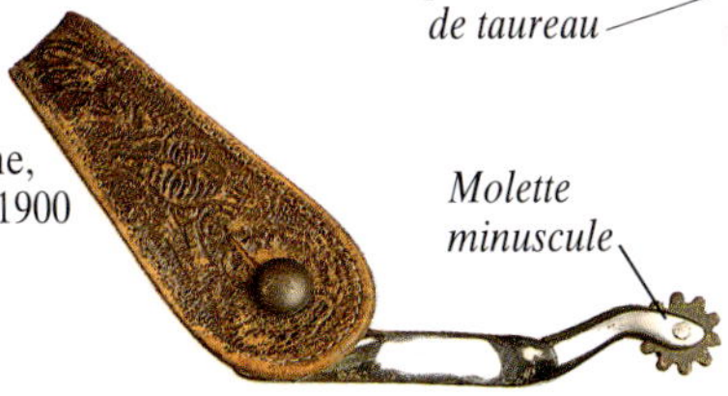

Eperon de femme, de l'Ouest, vers 1900

Eperon en argent, de l'Ouest, vers 1900

Eperon de l'Ouest en acier, des années 1900

LES DIFFÉRENTES PARTIES D'UN ÉPERON
Un éperon comporte une fourche, une chaîne talonnière, une patte d'éperon et un bouton. La branche, qui relie la molette à la fourche, peut être droite, abaissée ou relevée, comme celle des cavaliers de rodéo. Les boutons imposants, les branches baissées et la profusion de décorations et de pendentifs sont autant de marques de l'influence mexicaine sur les éperons californiens.

« OREILLES-DE-MULE »
Les mules de l'Ouest étaient célèbres pour leur endurance, leur entêtement et leurs longues oreilles. Les cow-boys ont baptisé les languettes des bottes « oreilles-de-mule » à cause de leur forme.

LE CUIR PROTÈGE LES BRAVES

Quand on galope dans des buissons épineux, on déchire ses pantalons mais on s'écorche aussi les jambes ! Les cow-boys ont appris des « vaqueros » mexicains à se protéger des égratignures, en portant des « chaps ». Il en existe différents modèles. Les « armitas » mexicains ressemblent à un tablier fendu qui descend jusqu'au-dessous du genou ; les « shotguns » et les « batwings » désignent ceux dont la forme large couvre jusqu'à la cheville. Quant aux « woollies » faites en peau de bison, de mouton, et même d'ours ou de loup, elles sont caractéristiques des pâturages froids des Plaines du Nord et des Rocheuses. Les « chaps » protègent de la pluie, des cornes du bétail, de la morsure du cheval et de l'échauffement des genoux lors des longues chevauchées.

Cow-boys portant l'un des *armitas* (à gauche), l'autre des *batwings* (à droite)

Le « Montana pointu » avec sa calotte à quatre coups de poing

Gilet en toile molletonnée

Woollie, *chaps d'hiver*

Eperon à molette

DES « WOOLLIES »
Ci-contre, un cow-boy du Wyoming, dans les années 1880, porte des *woollies* taillées dans une peau épaisse de bison, aux poils bouclés et doux. Sa chemise de laine à plastron est assez chère car elle est importée de l'Est. Son fusil à répétition permet un tir rapide mais il faut l'entretenir avec soin et le graisser, surtout en hiver, pour qu'il ne s'enraye pas.

Galon de Stetson en cuir tressé

Chemise plastronnée en serge fabriquée à Nîmes, d'où l'appellation phonétique de ce tissu : « denim »

Shotgun *dont les franges le long de la jambe facilitent l'écoulement de la pluie*

Pièce américaine de 25 cents utilisée comme concha

Eperon à molette large

DES « SHOTGUNS »
Ce cow-boy des années 1980 porte des *chaps* appelés *shotguns* (fusil de chasse), fabriqués en Californie, que l'on graisse pour les imperméabiliser. Sa chemise à plastron laisse à penser qu'il s'agit d'un admirateur de John Wayne qui, dans les westerns, arborait souvent ce modèle de chemise beaucoup plus rare dans le passé. Ce cow-boy se distrait en sculptant un petit cheval dans un morceau de bois.

LE COW-BOY ROMANTIQUE
Ce dessin des années 1910 représente un cow-boy vêtu de *woollies* en peau de mouton. A cette époque, des peintres tels que Frederic Remington (1861-1909) et Charles Russell (1864-1926) avaient popularisé aux Etats-Unis une image romantique du cow-boy.

TROIS SORTES DE « CHAPS »
Depuis les années 1860 la forme des *chaps* a évolué, donnant lieu à trois types différents : à gauche, un cow-boy canadien, autour des années 1970, porte des *chaps* en cuir épais, une chemise de coton et un foulard, le *bandana* ; au centre, la panoplie du cow-boy des années 1920 comporte des manchettes de cuir et des *armitas* ceinturées à la taille, avec des poches à la hauteur des cuisses. Il tient un lasso ; le cow-boy de droite arbore des *chaps* en forme d'aile de chauve-souris d'où leur nom *batwing*. Faites à la main, elles ont les bords festonnés. Il tient un *hackamore*, de l'espagnol *jaquima*, dont on se sert pour dresser les chevaux de plus de 5 ans.

Boucle fixant l'extérieur de la jambe

Marque de fer sur les chaps

Lasso long de 18 m et fait de quatre rubans de cuir tressés

Bordure fantaisie

Frange sur le bord extérieur de la jambe

Manchettes modernes en cuir

Mecate *en crins, des rênes très longues que l'on enfile dans la sous-barbe*

Bosal, *muserole en cuir tressé*

LE COW-BOY DU XXe SIÈCLE
Il a revêtu sur son jean une paire d'*armitas* en cuir. Les franges ne sont pas qu'une décoration : elles facilitent aussi l'écoulement de l'eau de pluie. Manchettes en cuir et ceinture complètent l'ensemble.

LES « BATWINGS » DU TEXAS
Dans les années 1880, le cow-boy texan se protège avec des *batwings*. Les *conchas* en argent permettent de passer les liens qui les retiennent. Le chapeau n'est pas un Stetson mais le chapeau traditionnel des Plaines ; les bottes « tuyaux-de-poêle » et leur talon biseauté armé d'éperons à molette sont typiques du Texas. Quant au revolver, on opte pour le modèle Remington .44 de préférence au colt .45, moins robuste.

Cow-boy californien des années 1980

Cow-boy du Texas, 1880

LE RANCH : REFUGE DU TROUPEAU ET DE SES GARDIENS

Dans les Grandes Prairies, les ranchs devaient subvenir eux-mêmes à leurs besoins, pour de longues périodes. À la fin du XIXe siècle, ceux qui étaient installés sur les pâturages du Nord pouvaient constituer des réserves leur permettant de vivre une année. En Australie, à l'intérieur des terres, de grandes distances séparaient les fermes des lieux de pâturage, renforçant ainsi l'impression d'isolement. Le ravitaillement des familles dépendait des convois tirés par des chameaux ou des bœufs. Un service médical aérien (en 1928), l'École de l'Air, c'est-à-dire l'enseignement par radio (en 1951), et des routes goudronnées ont été des innovations importantes. L'élevage nécessitait de grandes réserves d'eau ; quant aux bâtiments, construits en madriers, ils étaient adaptés aux besoins locaux et aux particularités climatiques.

NE ME CLÔTUREZ PAS
Inventé en 1874, le fil de fer barbelé était utilisé par les fermiers pour protéger leur récolte et par les éleveurs, surtout après 1885-1886, pour clôturer les meilleurs pâturages et les points d'eau. Les cow-boys supportaient mal ce quadrillage de l'espace et encore moins l'entretien et les réparations qu'il exigeait.

RIEN NE SE PERD
Les cornes et la peau du bétail servaient à fabriquer nombre d'objets y compris des meubles comme ce fauteuil, typique de l'Ouest américain.

Siège en peau de vache

Pied en corne de longhorn, le bœuf texan

UNE MAISON BIEN ÉLOIGNÉE
Lorsqu'il s'occupe de son bétail, le gardian de Camargue travaille loin de sa maison, qui est une cabane (p. 52). Il trouve refuge dans le mas, alors que le cow-boy passe la nuit dans un camp, qui n'est souvent qu'un simple abri en rondins.

Croix protectrice sur le toit d'un mas de gardian

Cheminée en pierre pour un gros poêle destiné au chauffage et à la cuisine

Charpente peinte de la maison du propriétaire

Barre en bois pour attacher les chevaux

Dortoir en rondins

Planche où les cow-boys posent leur nécessaire de rasage

Tuyau de cheminée pour l'évacuation de la fumée du poêle

« Trou à chien », où l'on dépose selles et équipements

UNE YOURTE MONGOLE
Les bergers des steppes de Mongolie ont imaginé un habitat mobile adapté à leur vie nomade. Une yourte est une tente de peaux ou de toiles en laine dont l'infrastructure est en bois, le tout étant facilement démontable. La fumée s'échappe par la cheminée centrale.

UN RANCH MISÉRABLE
Tous les éleveurs argentins n'étaient pas de riches *estancieros*. Un voyageur anglais des années 1880, découvrant des cabanes aux murs en boue séchée et couvertes de branchages, pensa qu'il s'agissait d'étables : c'était en réalité les maisons où vivaient les gauchos et leur famille.

UNE MAISON À PERTE DE VUE
Comme toutes les fermes d'Australie, les bâtiments d'un élevage sont bas et dispersés çà et là. L'ensemble se forme à partir d'une simple maison à étage comprenant quatre pièces. On ajoute des pièces au fur et à mesure des besoins.

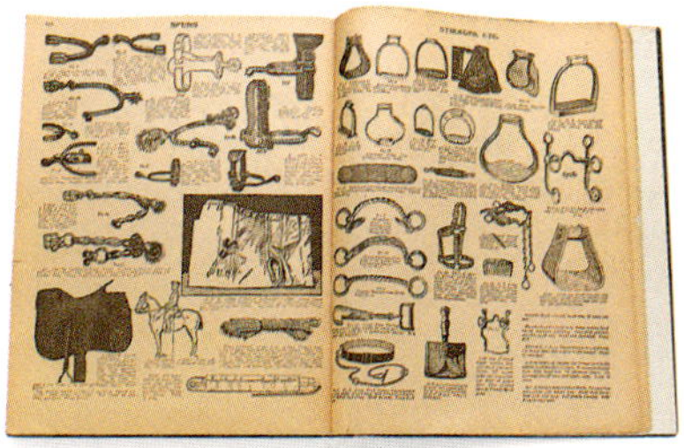

Des pages de catalogues de vente par correspondance tapissaient les murs du dortoir. Les hommes appréciaient particulièrement les pages présentant des modèles de corsets !

AU CŒUR DU TEXAS
Le ranch texan, que tout l'Ouest a imité, possédait des maisons en rondins reliées par le *dog trot*, passage couvert entre deux habitations où les cow-boys rangeaient selles et équipements divers. L'une était le *bunkhouse* – dortoir des cow-boys –, l'autre servait de cuisine et de salle à manger ; à côté se trouvait la maison du propriétaire. La grange abritait la nourriture des chevaux pour les mauvais jours, et une éolienne approvisionnait en eau hommes et bêtes.

UN LIVRE POUR RÊVER
Les catalogues de vente par correspondance proposaient des produits inaccessibles aux employés des ranchs. Ceux de l'American Bannerman, par exemple, étaient lus avec avidité.

POUR UNE MEILLEURE QUALITÉ DU BÉTAIL

La transformation de l'élevage en une véritable industrie est la conséquence de l'explosion démographique en Europe et en Amérique au cours du XIXe siècle. Pour répondre à la demande d'une viande bon marché, l'élevage s'étendit sur de vastes pâturages dans le monde entier mais ne prit une dimension considérable qu'aux États-Unis, au Canada, au Brésil, en Argentine et en Australie. Le bétail européen que les colons importèrent dans ces pays était résistant mais efflanqué. Dans les années 1770 apparurent de nouvelles espèces de bœufs, plus charnus, comme le hereford, le shorthorn ou l'angus d'Aberdeen. À partir de 1870, ces espèces sont exportées et croisées avec d'autres bêtes, telles que les longhorns que les Européens introduisirent en Amérique. Aujourd'hui, les taureaux ne sont élevés en Espagne et en Camargue que pour les courses et la corrida.

L'ERRANCE DES BISONS
Jusque dans les années 1860, des millions de bisons erraient dans les Grandes Plaines américaines. Ils furent massacrés pour leur viande et leur peau par des chasseurs comme Buffalo Bill (1846-1917). Au plus bas de leur cycle naturel, les bisons auraient disparu n'eût été des mesures de protection draconiennes.

HISTOIRE D'UNE RÉUSSITE
Les herefords, avec leurs couleurs particulières, roux et blanc, sont probablement une des plus belles réussites de l'élevage. Ils sont célèbres pour leur résistance, leur maturité précoce et la rapidité avec laquelle ils transforment l'herbe qu'ils absorbent en viande. Importés de Grande-Bretagne, au début des années 1880, dans les pâturages nordiques de l'Ouest américain, croisés avec le bétail local, ils remplacèrent les longhorns dans le Wyoming et le Montana. Leur faculté d'adaptation explique qu'aujourd'hui on élève plus de cinq millions de herefords dans 50 pays.

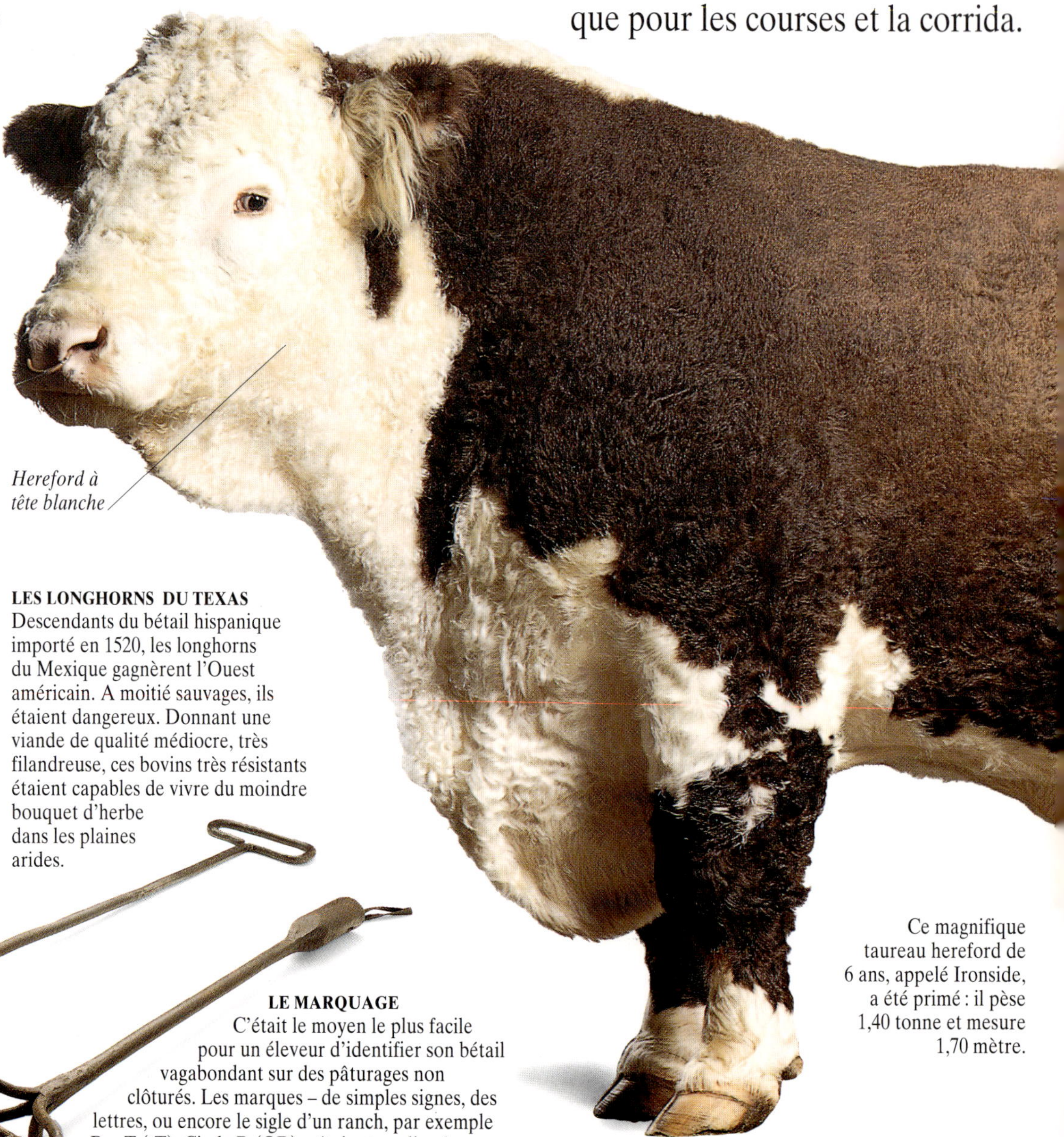

Hereford à tête blanche

Ce magnifique taureau hereford de 6 ans, appelé Ironside, a été primé : il pèse 1,40 tonne et mesure 1,70 mètre.

LES LONGHORNS DU TEXAS
Descendants du bétail hispanique importé en 1520, les longhorns du Mexique gagnèrent l'Ouest américain. A moitié sauvages, ils étaient dangereux. Donnant une viande de qualité médiocre, très filandreuse, ces bovins très résistants étaient capables de vivre du moindre bouquet d'herbe dans les plaines arides.

Lorsqu'ils partaient du Texas vers les gares pour être vendus, les veaux avaient une « marque de route » en plus de la marque habituelle.

Deux marques américaines

LE MARQUAGE
C'était le moyen le plus facile pour un éleveur d'identifier son bétail vagabondant sur des pâturages non clôturés. Les marques – de simples signes, des lettres, ou encore le sigle d'un ranch, par exemple Bar T (-T), Circle B (OB) – étaient appliquées au fer rouge dans les poils et la chair de la bête. Les éleveurs affirmaient que ce n'était guère douloureux mais ce n'était sans doute pas l'avis des bœufs !

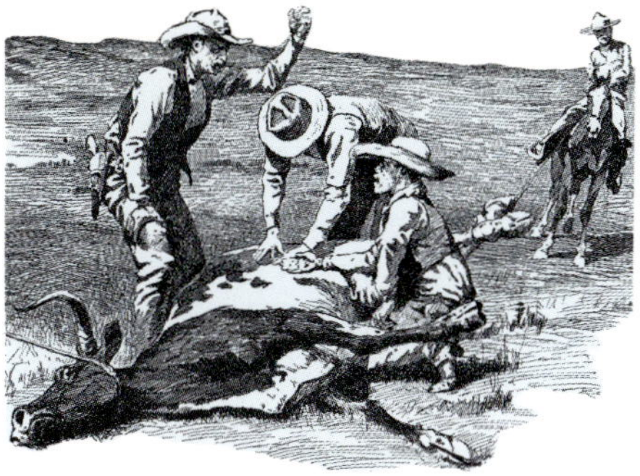

UNE MARQUE CONTESTÉE
Les voleurs de bétail imaginaient toutes sortes de ruses pour détourner des bêtes : transformer une marque existante, ou utiliser un « fer à marquer passe-partout » pour retoucher une marque. Par exemple, le sigle du ranch Bar C devenait au marquage « -C », il pouvait être maquillé facilement en Lazy T Circle et devenir « ⊢O ». A l'origine ceux qui trouvaient un veau égaré (*maverick*) avaient le droit de le marquer, mais les éleveurs tentèrent de mettre fin à ces pratiques.

FERRADES CAMARGUAISES
Les taureaux sauvages de Camargue ne sont élevés que pour un sport passionnant mais dangereux : la course à la cocarde. Chaque éleveur conduit ses jeunes animaux à la ferrade, où ils reçoivent leur marque personnelle comme dans l'Ouest américain.

Fers de Camargue utilisés pour les chevaux et les taureaux

UN TAUREAU BRITANNIQUE
L'angus d'Aberdeen a d'abord été élevé, d'où son nom, dans le comté d'Aberdeen en Ecosse. Espèce sans cornes, il grandit rapidement et peut être vendu tôt. Il fournit une proportion appréciable de viande de grande qualité. Certains affirment qu'il donne les meilleurs steaks. Son élevage fut introduit aux Etats-Unis en 1873.

Volvo, un angus d'Aberdeen de 20 mois, de père canadien

UNE PETITE BÊTE À CORNES
Les shorthorns, comme celui représenté sur ce dessin de 1890, furent d'abord élevés dans le comté de Durham en Angleterre. Ils restèrent extrêmement populaires jusqu'à l'arrivée du hereford. Ils furent exportés vers l'Argentine, l'Australie et les Etats-Unis. Le premier shorthorn est enregistré en 1846 aux Etats-Unis et en 1867 au Canada. Les shorthorns arrivèrent dans les pâturages du Nord dans les années 1870.

Les veaux de race hereford sont écornés.

Emma, un veau de race hereford de 6 mois dont le père est de race ironside

DE LA VIANDE EN CONSERVE
Les principales grandes villes américaines avaient leurs abattoirs où l'on préparait la viande. Ceux qui achetaient le bœuf de l'Ouest se trouvaient à Saint Louis, à Kansas City et surtout à Chicago. Cette publicité new-yorkaise tente d'attirer les acheteurs en montrant sur la boîte les *vaqueros* sur le port de New York.

CAVALIER ET MONTURE DANS UN EXERCICE DIFFICILE

Lors du rassemblement (« round up » en anglais), il faut isoler telle ou telle bête d'un troupeau nerveux, et la faire sortir malgré son hostilité à toute présence. Une grande adresse et une entente véritable entre le cavalier et sa monture sont alors nécessaires pour maîtriser une vache effarouchée qui essaye de se dérober. Ce travail, le tri, est indispensable pour identifier les animaux étrangers au troupeau et les en chasser, puis marquer les jeunes bêtes et les veaux. Les bons « chevaux de tri » sont très recherchés, et parmi eux les mustangs qui semblent avoir une sorte de sens instinctif du bétail. Avec de l'entraînement, un cheval vif et intelligent apprend à s'occuper d'une bête et devient une excellente monture pour ce type de travail : le cheval suit chaque écart et chaque volte-face du veau sans que l'on ait recours aux rênes.

ARRÊT TOTAL
Pour s'arrêter en plein galop, il faut des freins puissants ! L'« arrêt en glissant » est utilisé lors du tri ou de la capture des bêtes. Le cheval bloque sa vitesse avec ses membres postérieurs, rejette son poids en arrière, freine en glissant sur ses jambes jusqu'à l'arrêt.

1 CHOISIR UN VEAU
D'abord le cheval et son cavalier isolent l'animal du troupeau, tout doucement, pour ne pas effaroucher les autres, et ne l'attrapent vraiment que le plus tard possible. Le cavalier garde les rênes lâches et le cheval surveille le veau.

2 SÉPARER LE VEAU DU TROUPEAU
Dès que le veau se met à courir, commence entre lui et le cheval un véritable jeu d'esquives. Le cheval doit faire obstacle à l'animal et l'obliger à se diriger vers le centre de marquage.

Dusty My Tucker est une excellente jument de tri : elle est de race quarterhorse, a 7 ans et mesure 1,90 m de haut.

Le cheval avance dans une direction mais il peut prendre brutalement la direction opposée si besoin est.

Cavalier et monture ne quittent pas des yeux le veau sélectionné au moment du tri.

LA MÉTHODE MEXICAINE

Pour dresser leurs chevaux, les *vaqueros* hispano-américains ne répugnent pas à recourir à la violence. Pour faire obéir un cheval aux rênes, ils le font courir, les yeux bandés, jusqu'à ce qu'il se heurte contre un mur ! Ces cow-boys mexicains d'aujourd'hui poursuivent un groupe de zébus.

LE CHEVAL DE TRI

Autrefois, les cow-boys attachaient peu d'importance au dressage, se contentant de sélectionner un animal d'après ses capacités à exercer le tri. Aujourd'hui, les chevaux sont dressés avec un veau mécanique en plastique, monté sur rails, qui se déplace très vite et change de direction brutalement.

Le cheval est dressé à adopter une expression menaçante : ici, oreilles baissées pour intimider le veau.

Les rênes lâches permettent au cheval de suivre son instinct sans que le cavalier intervienne.

Le cavalier tient ses pieds loin des flancs pour qu'aucun frottement ne puisse être confondu avec un signal.

SITUATION INEXTRICABLE

A partir de 1910, les magazines sur l'Ouest se développent, et leurs couvertures sont illustrées par des artistes célèbres. Celui-ci représente un cow-boy en très mauvaise posture : on espère que le cheval sait comment sortir de ce mauvais pas car le cavalier l'ignore sûrement !

Ce veau est un croisement d'angus d'Aberdeen et de hereford.

3 ENVELOPPER LE VEAU

A découvert, le veau tente désespérément de revenir vers le troupeau, cherchant à se dérober, à esquiver, à faire demi-tour. Les meilleurs chevaux de tri sont capables de s'arrêter net, en plein galop, et de changer brutalement de direction. Les cavaliers doivent être de vrais virtuoses s'ils ne veulent pas être désarçonnés.

QUELLE DIRECTION PRENDRE ?

C'est ainsi que se présente l'objectif au cheval de tri : petit, penaud, buté et prêt à s'enfuir.

UN SPECTACLE INATTENDU
Le lasso exigeait une telle adresse que l'on en fit un spectacle. Les cow-boys du cirque de Buffalo Bill effectuaient des figures de lasso. A partir de 1900, des scènes entières apparaissent dans le théâtre populaire et sont très appréciées. Pendant des années, le célèbre Will Rogers (1870-1935) associa l'art du lasso à la comédie dans son spectacle.

Lasso de western en chanvre

Lasso en sisal, de la fin du XIXe siècle

Lasso d'Amérique du Sud en peau

LES MATÉRIAUX
A l'origine, les cow-boys avaient adopté le lasso en cuir brut tressé des Mexicains, très courant à travers toute l'Amérique hispanique. Puis ils utilisèrent la corde tressée ou la corde en sisal (fibre mexicaine venant de l'agave). Aujourd'hui, les lassos sont faits de Nylon ou d'un mélange de fibres artificielles et de fibres végétales.

Œillet

Dans cette attraction de rodéo, le cow-boy tient la corde entre ses dents.

On lance le lasso autour du cou du veau.

Dans un rodéo, le cheval porte des protège-jambes lorsqu'il doit séparer une bête du troupeau.

CAPTURER
Pour un petit veau, le cow-boy utilise la prise au talon : il lance la boucle sur le flanc de l'animal et la fait glisser sous ses pattes de derrière. Il peut alors tirer la bête vers le centre de marquage.

ATTRAPER NET
Les *vaqueros* mexicains ont enseigné leur art aux cow-boys américains. Précurseurs dans l'utilisation du lasso, ils ont mis au point des techniques de capture pour le bétail et les chevaux sauvages.

Les pattes du veau seront attachées avec une corde très solide.

LA BOUCLE EST BOUCLÉE
Les bergers mongols avaient imaginé un procédé ingénieux : une longue perche terminée par un nœud coulant que l'on passe autour de la tête du cheval. Son utilisation exige autant d'adresse que pour un lasso.

IL EN FAUT DEUX
Pour attraper du bétail, un cow-boy effectue deux lancers : la prise « de tête », qui saisit en fait les cornes, la corde autour du cou pouvant étrangler l'animal. Ensuite, la prise « de talons », dans les pattes de derrière, fait trébucher l'animal.

L'ART DU LASSO

On passe une des extrémités du lasso, long de douze mètres, dans un œillet, appelé « honda », pour faire une grande boucle. Le cow-boy tient la boucle, l'œillet étant en bas ; une partie de la corde dans la main droite, il enroule le reste de la corde dans la main gauche. Il prend de l'élan en faisant tourner la corde puis lance la boucle sur la cible. La corde étant en fibres rigides, la boucle reste à l'horizontale et ouverte jusqu'à ce qu'elle atteigne sa cible.

UNE VEDETTE DU RODÉO
Le lasso devint une des attractions des rodéos, comme le suggère ce dessin de l'artiste Charles Simpson en 1924.

La selle bascule en avant sous la traction de la corde qui tient le veau attaché.

Comme un dally *peut glisser et le veau s'échapper, on attache la corde en marche.*

La boucle serrée autour du pommeau tire fortement la sous-ventrière arrière ou celle de flanc. Le cheval continue à se cambrer pour maintenir la pression qu'exerce la sous-ventrière alors que le cow-boy descend de cheval pour ligoter la bête.

L'ART D'EMBOBINER
Lorsqu'il attrape une vache au lasso, le cow-boy retient l'animal en enroulant le lasso de quelques tours, les *dallies*, autour du pommeau de la selle. Il peut également serrer le bout du lasso sur le pommeau par un nœud de 8. Le cheval s'arrête et la corde se tend brusquement. Si le cow-boy a le malheur d'effectuer trop lentement son *dally*, le poids de la bête stoppée net fait que la corde, en se tendant brutalement, tranche les doigts qui la tiennent.

LA CARAVANE DES GRANDES PLAINES

Sur la piste ou lors des rassemblements du bétail, le cuisinier était roi. Sa cantine roulante tenait lieu de cuisine et de garde-manger. Les tiroirs contenaient les produits de base tels que farine, lard, café, et des friandises comme des pommes et des raisins secs. La partie principale du chariot était réservée aux sacs de couchage et aux pièces de rechange. On préparait la cuisine sur la porte à charnières rabattue sur une béquille mobile. C'était essentiellement du lard bien gras, des haricots et du pain indigeste. La viande était rare, malgré les tonnes de « bifteck sur pieds » que guidaient les cow-boys ; des lièvres, des grandes poules de prairie et, dans le Wyoming, des pronghorns venaient améliorer l'ordinaire.

Grande poule des prairies, familière des espaces semi-désertiques

Les lièvres étaient abondants dans les Grandes Plaines.

DE LA VIANDE QUI COURT
Les cuisiniers mettaient leur point d'honneur à varier le menu quotidien à base de lard. La difficulté venait de la célérité du gibier comestible rencontré sur la piste. Grandes poules et lièvres des prairies, tirés au pistolet, ou pronghorns, abattus à la carabine, faisaient un excellent ragoût.

Le pronghorn, ou antilope à cornes fourchues

Dan le Renégat, célèbre cow-boy de bandes dessinées

DAN LE RENÉGAT
Imaginé par l'illustrateur de bandes dessinées Dudley D. Watkins, en 1937, Dan le Renégat de Cactusville saccage un bar et mange une bouse de vache.

Paquet de tabac Bull Durham

ALLUMER L'OUEST
Quelques cow-boys chiquaient, mais la plupart préféraient rouler et fumer des cigarettes. Le paquet de tabac Bull Durham ne coûtait que 5 cents et le papier était gratuit !

« LA ROULANTE »
En 1866, un propriétaire, Charles Goodnight, eut l'idée d'aménager un chariot militaire de ravitaillement. Il ajouta à l'équipement habituel une barrique pouvant contenir une réserve de deux jours d'eau, une boîte à outils, des arceaux destinés à supporter une bâche, et surtout un coffre à provisions.

À LA SOUPE
Les repas des cow-boys n'avaient rien à voir avec un pique-nique ! La nourriture était toujours la même, de mauvaise qualité ; la cuisson laissait à désirer. L'hygiène était des plus sommaires : on trempait tasses et assiettes dans la bassine à vaisselle et on les frottait avec un peu de sable si l'eau manquait. Une fois arrivés en ville, les cow-boys dépensaient leur argent à manger et à boire.

UN LONG SERPENT
Un troupeau de 2 500 bêtes s'étendait sur 1 ou 2 kilomètres. Quinze cow-boys noyés dans la poussière le surveillaient. Cette illustration d'un troupeau se déplaçant du Texas à Abilene date de 1870.

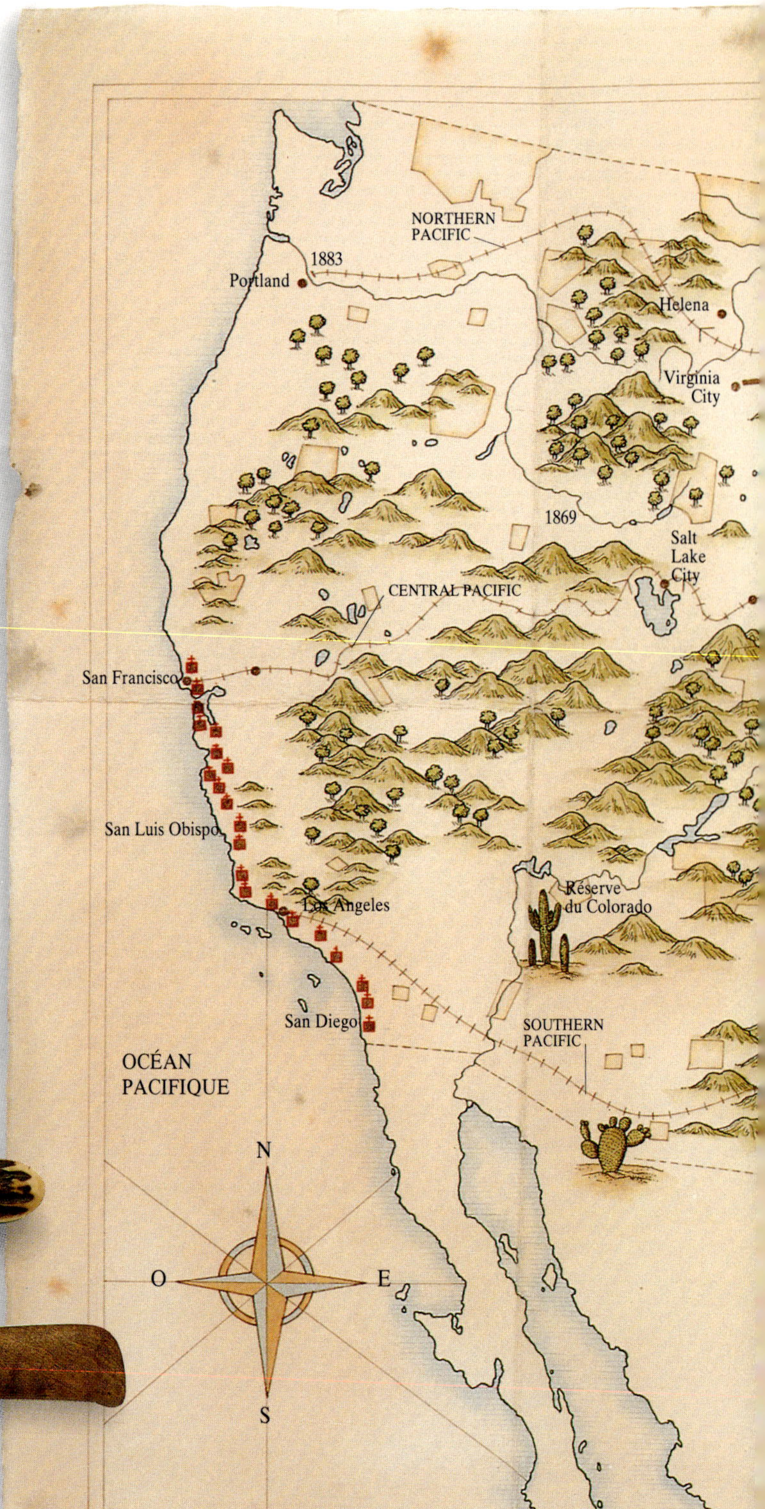

SUR LES PISTES DE L'OUEST

Conduire le bétail pendant 1 500 kilomètres à travers un pays hostile relevait de l'aventure épique. Aux États-Unis, pour répondre à la demande en viande des grandes villes de l'Est, il fallait conduire cinq millions de bœufs texans vers les gares des bourgades où le chemin de fer les prenait en charge jusqu'aux abattoirs de Chicago. Ainsi furent créées les longues pistes de l'Ouest. Dans les années 1880-1881, la grande marée des troupeaux remonta des ranchs texans vers le Nord, puis le bétail vint également du Wyoming, du Montana et des Dakotas. La pénétration du chemin de fer dans le sud du Texas et la surproduction de bétail dans le Nord-Ouest contribuèrent au déclin des pistes dans les années 1880.

Deux modèles de *bowie*, vers 1900

Manche en os

Manche en bois

Sillon du sang dans la lame d'acier

DES COUTEAUX DANGEREUX
Fabriqués par le colonel James Bowie (1799-1836), célèbre aventurier texan, le *bowie* (prononcer « bouwi ») était une arme terrible. Beaucoup de cow-boys avaient toutes sortes de couteaux, mais le *bowie* restait l'arme préférée pour se battre ; les chasseurs l'utilisaient aussi.

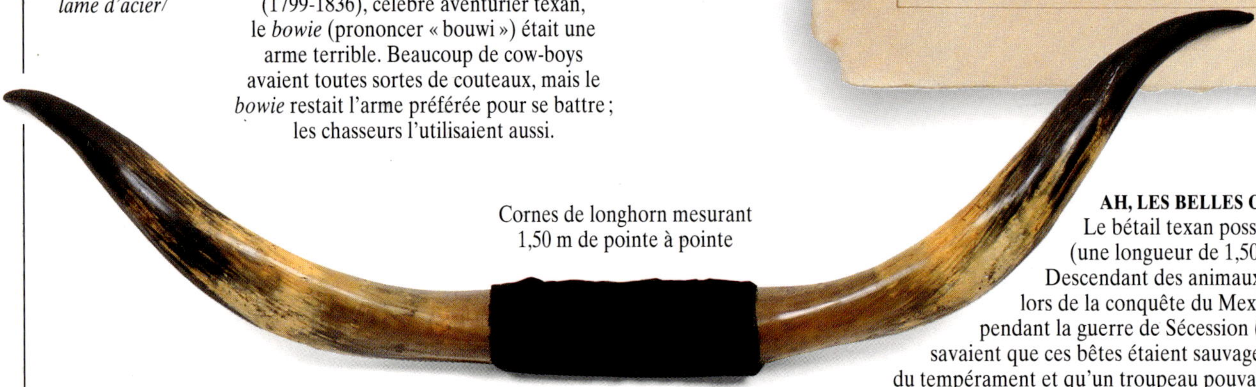

Cornes de longhorn mesurant 1,50 m de pointe à pointe

AH, LES BELLES CORNES !
Le bétail texan possédait de très grandes cornes (une longueur de 1,50 m n'était pas rare !). Descendant des animaux introduits par les Espagnols lors de la conquête du Mexique, le bétail du Texas proliféra pendant la guerre de Sécession (1861-1865). Les cow-boys savaient que ces bêtes étaient sauvages et fières, qu'elles avaient du tempérament et qu'un troupeau pouvait être dangereux.

DES HIVERS RUDES
Il n'était pas de tout repos de conduire un troupeau pendant l'hiver dans le Nord-Ouest. Des imperméables huilés demeuraient la seule protection contre la pluie et la neige.

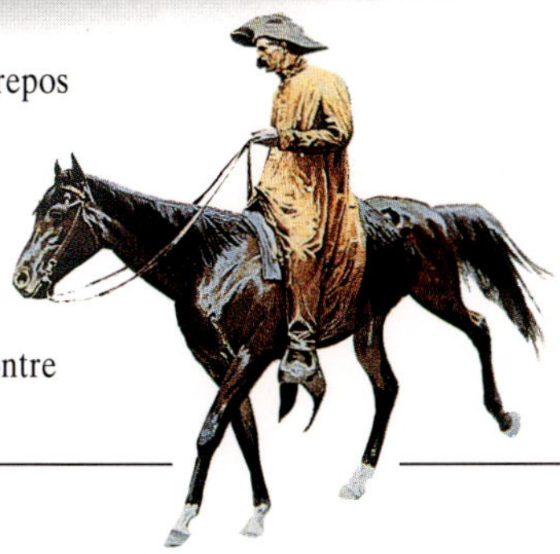

DROIT AU NORD !
Pendant la guerre de Sécession, Jesse Chisholm (1806-1868) traça une route du sud du Texas au Kansas pour ravitailler l'armée sudiste. Elle devint la piste d'Abilene.

VOYAGES ÉPIQUES
Les pistes du bétail reliaient les pâturages au chemin de fer. En 1866, une épizootie, la « Texas Feever », entraîna la fermeture de la frontière du Missouri et donc de ses pistes. Celle de Chisholm permit à deux millions de têtes de bétail d'arriver aux gares du Kansas entre 1867 et 1871. La piste Goodnight-Loving, du nom de deux éleveurs, permettait d'approvisionner, en 1866, les mineurs du Colorado. Puis elle servit à amener du bétail dans les pâturages du Wyoming et du Montana.

LES DANGERS DU VOYAGE

Conduire un troupeau n'était pas une partie de plaisir. Sur la piste, aux longues heures d'ennui succédaient de terribles dangers, qui n'étaient pas dus, comme on pourrait le croire, aux Indiens. Les cow-boys passaient leur temps à galoper le long du troupeau pour ramener les bœufs égarés, pendant qu'à l'arrière le « drag-rider », cavalier de queue, aiguillonnait les traînards, dans un nuage de poussière. La fonction principale du chef de piste consistait à localiser les points d'eau pour l'escale du soir. Manier un troupeau était une tâche d'autant plus délicate que les bêtes s'effrayaient d'un rien. Il arrivait que certaines se noient en traversant une rivière, entraînant avec elles un cow-boy. Mais le danger le plus grand était lié à la panique.

LA PANIQUE
Le bétail était facilement nerveux. Sur la piste, le troupeau s'affolait au moindre bruit, à la moindre odeur suspecte. Les éclairs provoquaient l'effroi : les bêtes partaient brusquement dans une charge effrénée pendant des kilomètres. La seule solution était de rattraper la tête du troupeau et, en tirant des coups de revolver, en agitant les chapeaux, en hurlant, d'obliger les bêtes qui menaient la course à tourner en rond. Le mouvement de rotation les calmait et faisait cesser la panique.

« Starr .44 » modèle 1858, l'un des premiers revolvers à répétition

Colt de calibre .36 datant de 1851

REVOLVER À LA CEINTURE
Armé, le cow-boy pouvait faire face à toutes sortes de situations périlleuses : abattre un serpent à sonnette, un cheval blessé, un bouvillon affolé. On tirait également des coups de revolver lors des paniques, trois coups étant le signal de détresse.

DE LA NOURRITURE SUR PIED
Hauts de 2,40 m, pesant environ 365 kg, les grizzlis sont des bêtes féroces qui apprécient chevaux et bétail. Ces dents proviennent d'une bête abattue en Colombie britannique, au Canada, après s'être attaquée à du bétail. La cartouche du fusil permet d'évaluer la taille de ces dents.

LOUP HURLANT
Ennemi ancestral des éleveurs, le loup attaquait les veaux et les poulains. Piégés ou empoisonnés avec des appâts à la strychnine, ils ont disparu en même temps que les bisons.

OURS GOURMAND
L'ours brun était un animal familier dans tous les milieux naturels de l'Amérique du Nord. Omnivore, il appréciait un veau pour améliorer son régime. Haut de 1,80 m, pesant de 90 à 250 kg, il devenait dangereux s'il se sentait menacé.

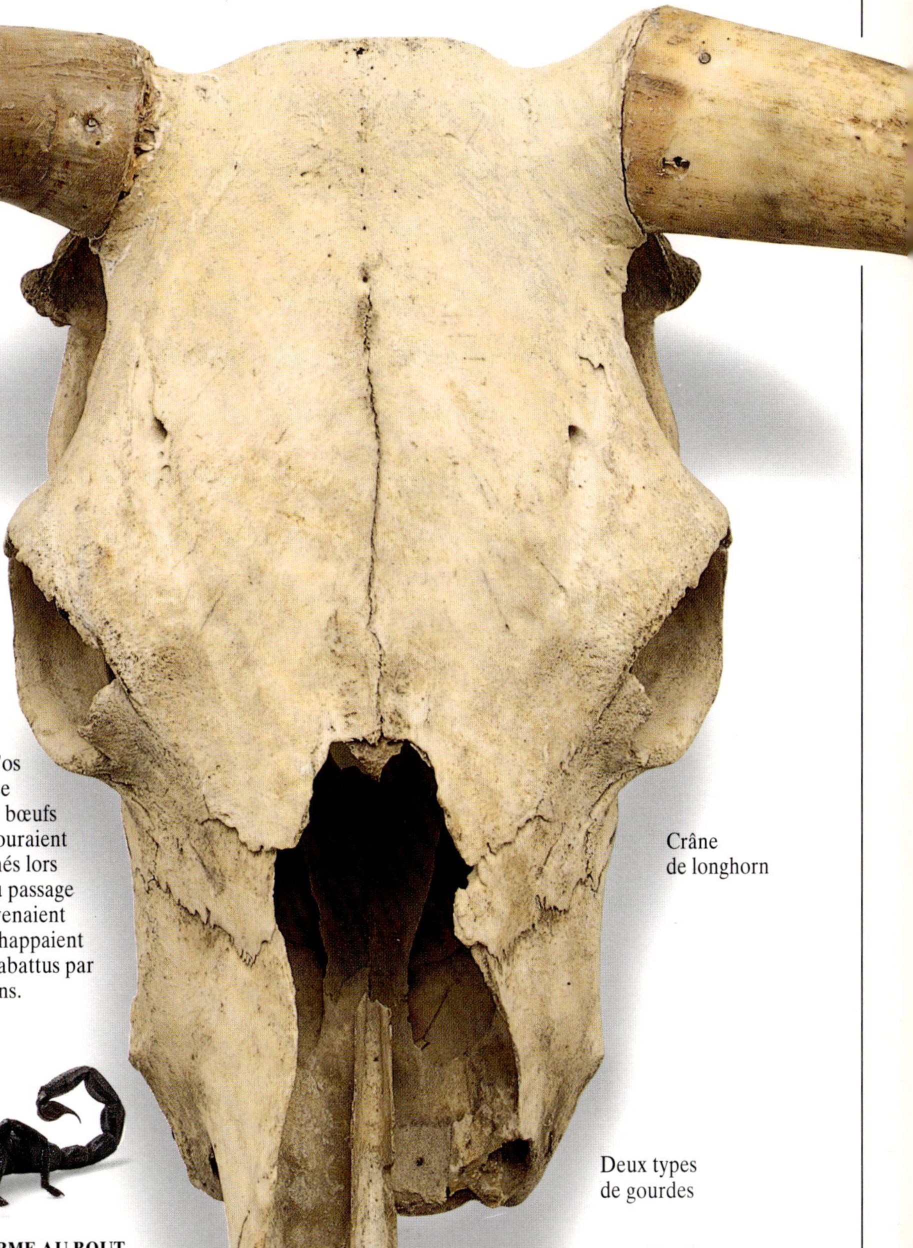

LA SOIF
Dans les régions arides du Sud-Ouest américain, l'eau était une question de vie ou de mort. Dans le désert, la découverte d'un minuscule trou d'eau permettait de survivre, comme le suggère cette peinture du célèbre illustrateur du XIXe siècle, Stanley L. Wood (1866-1928).

OS DESSÉCHÉS
Les pistes étaient parsemées d'os de bétail. Malgré la surveillance et les efforts des cow-boys, des bœufs tombaient dans des trous et mouraient de faim ; d'autres étaient piétinés lors des paniques ou se noyaient au passage des rivières ; d'autres enfin devenaient la proie des prédateurs ou s'échappaient puis étaient abattus par des Indiens.

Crâne de longhorn

GARE AUX SERPENTS !
Il arrivait que le serpent à sonnette à la recherche de chaleur rampe jusqu'au sac de couchage d'un cow-boy en train de dormir. Sa morsure était dangereuse mais pas mortelle. Si on ne pouvait extraire le poison par aspiration, il fallait alors cautériser la blessure.

L'ARME AU BOUT DE LA QUEUE
Pas plus que la morsure du serpent à sonnette, la piqûre du scorpion n'est fatale à un homme en bonne santé. De taille variée, les petits sont considérés comme les plus venimeux. Les cow-boys inspectaient le sol où ils étendaient leur sac de couchage, et leurs bottes avant de les enfiler le matin.

Deux types de gourdes

LA NEIGE, LE VENT, LA GLACE
L'hiver était terrible pour l'homme et pour les bêtes. Si une couche de glace s'était formée, les bœufs ne pouvaient même pas gratter la neige pour trouver un peu d'herbe. Dans les pâturages du Nord, les températures descendaient jusqu'à -40 °C et les cow-boys engourdis par le froid s'épuisaient à regrouper le bétail et à le protéger. Lorsque le blizzard soufflait, le bétail trouvait refuge dans des vallées ou derrière des arbres, et restait blotti là, affrontant le vent jusqu'à la mort.

DANS LE SAC
Pour traverser des régions arides, il fallait faire des réserves d'eau. Mais dans quoi la transporter sans risque ? Dans les années 1860, la cavalerie du Nouveau-Mexique adopta la gourde en métal, avec un bouchon en métal et enveloppée de toile : chaque cavalier en avait deux accrochées de part et d'autre de sa selle. Celle d'en bas, à droite, date de 1900 : elle est en toile imperméable et son bouchon en liège est enfoncé dans un goulot en métal.

LA LOI ET L'ORDRE : SHÉRIFS, JUGES, MARSHALS ET DESPERADOS

D'après les films d'Hollywood, ce sont des policiers au regard bleu acier, à la détente facile, qui faisaient régner l'ordre dans l'Ouest. En réalité, les choses se passaient autrement ; le travail principal d'un shérif, représentant de la loi élu dans un comté, consistait à percevoir les impôts locaux sur lesquels il prélevait son salaire. En ville, le marshal, nommé par le conseil municipal, devait faire respecter les ordonnances concernant la sécurité et la santé publique, récolter les droits des licences et maintenir l'ordre.

FUSILLADE
Les règlements de comptes dans la rue tels qu'on en voit dans les westerns n'étaient pas rares. Ce dessin du peintre Remington est inspiré d'une fusillade entre Luke Short et Jim Courtright à Fort Worth au Texas en 1887.

Trousseau de clés de shérif

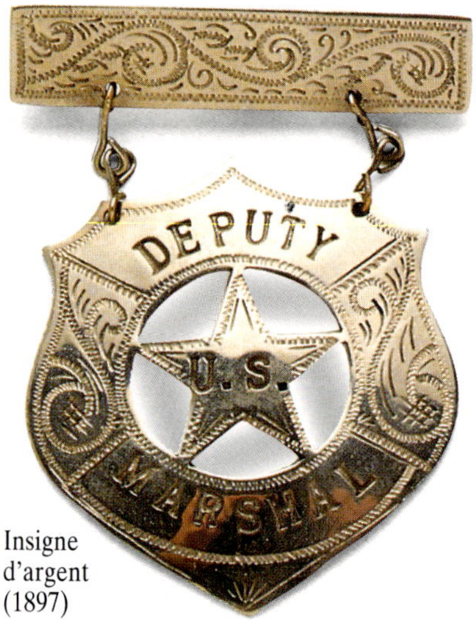

Insigne d'argent (1897)

UN GARDIEN DE L'ORDRE ÉLU
Honnête ou corrompu, tout gardien de l'ordre pouvait devenir un marshal fédéral, tel que Virgil Earp (1843-1906) qui exerça cette fonction dans l'Arizona en 1879.

Insigne en argent d'un marshal (1870)

LE MARSHAL DE DEADWOOD
Le marshal de Deadwood, ville minière du Dakota, devait faire face à de fréquentes attaques de diligence et ne put empêcher le meurtre du shérif, Wild Bill Hickok (1837-1876).

DÉTENTION
Dans l'Ouest, la peine de mort était rare. La majorité des délinquants allait en prison, par exemple dans le pénitencier de Yuma dans l'Arizona. Cet insigne en cuivre est celui d'un gardien de cette prison, au début du siècle.

LA VIRÉE
Après plus de trois mois sur la piste, les cow-boys texans dépensaient leur salaire, dans les villes du bétail du Kansas, en alcool, au jeu et avec les prostituées. La gaieté n'empêchait pas les coups de revolver en l'air, le défoulement pouvant tourner à la violence. C'est pourquoi les citoyens exigeaient que la sécurité soit renforcée à l'arrivée des cow-boys. Wichita, ci-dessus, connut sept marshals entre 1868 et 1871, tous inefficaces jusqu'à ce que Michael Meager (1871-1874) reprenne en main la sécurité.

Insigne en nickel d'un surveillant de la banque Wells Fargo

Insigne en nickel de la police ferroviaire

Insigne en nickel d'un agent spécial

DES AGENTS SPÉCIAUX
La compagnie de transport de fonds Wells Fargo assurait sa sécurité avec sa propre police. Des détectives très compétents poursuivaient sans trêve les bandits qui s'étaient attaqués à une diligence.

TEXAS RANGERS POUR TOUJOURS
Constitués en 1835, les Texas Rangers devinrent en 1873 un régiment chargé de combattre les Indiens sur la frontière du Texas tandis qu'une unité spéciale luttait contre le banditisme et le vol de chevaux. Au Texas, les Rangers font partie du département de la Sécurité publique, depuis 1935.

Insigne de l'agence Pinkerton (1860)

L'AGENCE PINKERTON
La compagnie Pinkerton était une organisation de détectives très efficace. Elle se fit détester dans l'Ouest quand, en 1875, elle attaqua la maison des James et quand elle intervint violemment pour briser les grèves de mineurs dans les années 1880.

Insigne en argent massif de shérif (1880)

Insigne du marshal de Virginia (vers 1860-1880)

VILLE SANS LOI
C'est en tant que journaliste que Mark Twain (1835-1910) vint à Virginia, dans le Nevada. C'était une ville minière qui, dans les années 1860, était en proie au désordre et à la violence.

POLICIERS MEXICAINS
L'histoire du Mexique au XIXe siècle est fort différente de celle des Etats-Unis. Une police montée, et honnie, la *Guardia rurales*, assurait l'ordre à la campagne, tandis que les villes, comme Ensenada, en Basse Californie, possédaient une police régulière.

Trois insignes mexicains (vers 1900), en cuivre rouge (en haut à droite) et en cuivre jaune

SHÉRIF DE CHOC
Comme tous les élus, les shérifs s'occupaient de politique et profitaient parfois de leur position pour s'enrichir. La majorité se contentait de faire appliquer la loi, mais d'autres, tels que Bat Masterson (1853-1921) au Kansas, participaient personnellement à la traque des bandits et livraient une lutte sans merci contre les Indiens.

Copie d'un insigne en cuivre d'un marshal fédéral (1900)

Insigne de la police indienne vers 1880

UN MARSHAL FÉDÉRAL
Nommé directement par le Président (il s'agit souvent d'une récompense politique), les marshals fédéraux se contentaient d'être des hommes d'affaires locaux mais devenaient parfois malhonnêtes. D'autres, tel Evett Nix de l'Oklahoma, dans les années 1890, prenaient à cœur le maintien de l'ordre dont ils étaient chargés et profitaient de leur pouvoir pour nommer des adjoints comme le fameux Heck Thomas.

LA POLICE INDIENNE
La première tentative de mettre sur pied une police indienne eut lieu au cours de l'année 1870, dans la réserve apache de San Carlos, en Arizona. En 1876, le Congrès autorisa la création d'une police dans chaque réserve. La majorité des Américains espérait que l'on pourrait, par des réformes, et par l'éducation notamment, mettre fin aux coutumes tribales et transformer les Indiens en Américains.

UN POLICIER LÉGENDAIRE
Wyatt Earp fut agent de police à Wichita (1874) et adjoint du marshal à Dodge City (1878). Un règlement de comptes avec la famille Clanton, à Tombstone, dans l'Arizona, donna lieu à la célèbre fusillade de OK Corral en octobre 1881. Plus tard, il tenta sa chance au jeu et dans la prospection minière, et finit pendu dans de nombreux films d'Hollywood. Sa vie inspirera le roman *Frontier Marshal* (1931) de Stuart Lake.

DE BONS GARS

Exaspérés, les conseils municipaux recrutaient des tueurs chargés de faire régner l'ordre, tels que Wild Bill Hickok, à Abilene en 1871. Bien des journalistes de l'époque et des réalisateurs de cinéma furent à l'origine de légendes sur des personnages douteux tels que Wyatt Earp.

Collection appartenant à Wyatt Earp (1848-1925)

Pièce d'or de 20 dollars

Boîte à tabac en corne faite par le père de Earp

Certains shérifs refusaient de surveiller les théâtres.

QUAND LES ARMES PARLENT...

Les hommes ont conquis l'Ouest par les armes. La liberté du port d'armes dans l'Ouest américain est à l'origine d'une violence qui n'existait pas au Canada ou en Australie, bien que les conditions y aient été identiques : indigènes hostiles, animaux dangereux, villes minières sans lois et bandits actifs. Ultime frontière, l'Ouest hérite d'une tradition d'autodéfense et de méfiance à l'égard de l'autorité, notamment celle des militaires. Ainsi s'explique un ordre chancelant et l'audace des bandits, encouragée par le droit du port d'arme. À partir des années 1830, une nouvelle technologie favorisa la fabrication d'armes performantes. Dans les villes du bétail et les camps de mineurs, le jeu, l'alcool, les dissensions au sujet des pâturages suscitaient de nombreux conflits. Cependant, beaucoup d'hommes de l'Ouest n'étaient pas armés ; ceux qui l'étaient sont entrés dans la légende des westerns.

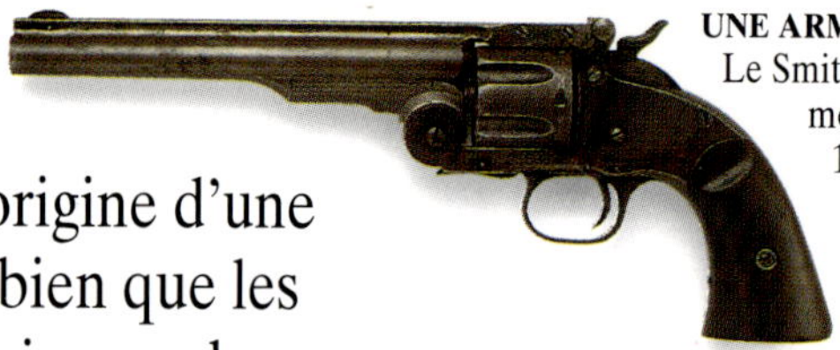

UNE ARME TERRIBLE
Le Smith et Wesson modèle .44, modifié par Schofield en 1873, est bien meilleur que le colt .45. C'est l'arme des gardes de la Wells Fargo, mais aussi des bandits, tel que Frank James (1843-1914) dont le revolver est présenté ici.

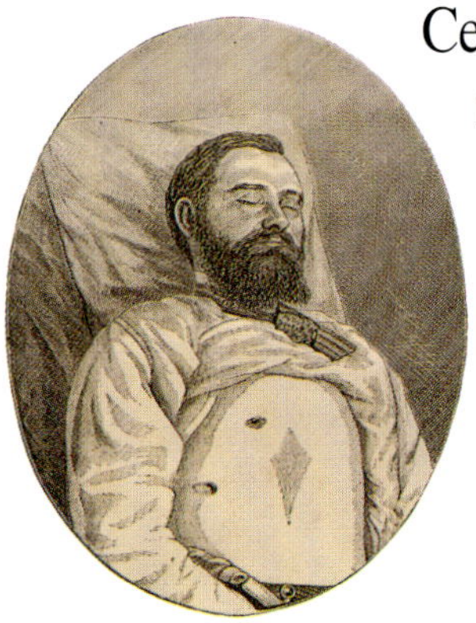

QUI EST-CE ?
Dans l'Ouest, l'habitude était de satisfaire la curiosité du public en exposant la photo ou le dessin du cadavre des bandits. Ce dessin est présenté comme celui de Jesse James (1847-1882) : on y voit des impacts de balle sur sa poitrine, alors qu'il fut tué d'une balle dans la nuque !

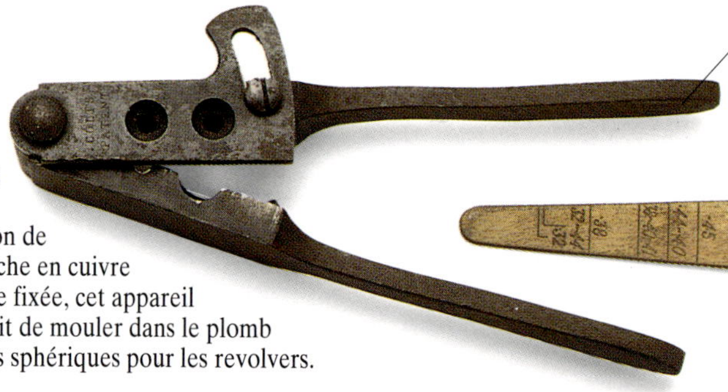

MOULE À BALLE
Avant l'invention de la cartouche en cuivre avec balle fixée, cet appareil permettait de mouler dans le plomb des balles sphériques pour les revolvers.

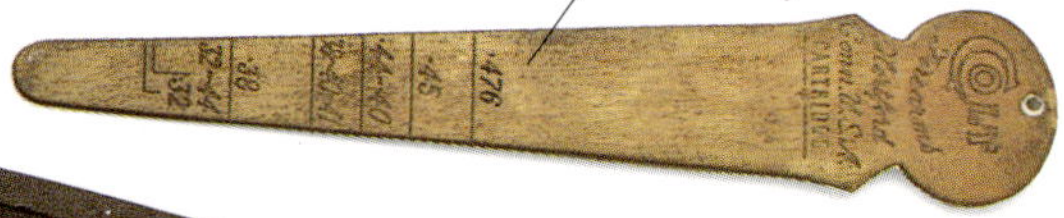

CONTRÔLE CONTINU
On pouvait tester l'usure du calibre et du canon avec précision grâce à une tige, qu'on appelle aujourd'hui une jauge.

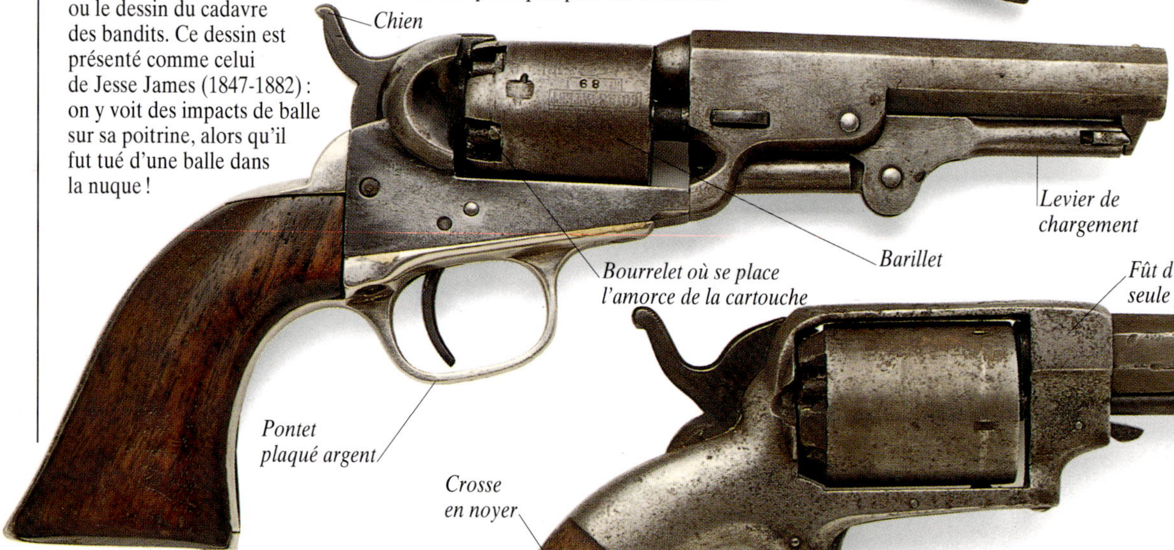

Ce revolver de poche, colt modèle .41, date de 1849.

DANS UNE POCHE INTÉRIEURE
La compagnie Colt déposa une licence pour un revolver à barillet et conserva le monopole jusqu'en 1857. En 1849, le revolver de poche, modèle .41, était une arme plus petite, dérivée de celle de l'armée, à cinq coups.

Il n'existe que 700 revolvers fabriqués sur ce modèle Allen-Wheelock (1850-1860).

UN REVOLVER RARE
Les années 1850 voient l'apparition d'une arme pour les civils. Ce revolver rare, fabriqué par Allen et Wheelock, est fait d'une seule pièce. La gâchette sort de son étui lorsque le percuteur est armé.

Sur cette toile de Remington, un cow-boy effraie un citadin de l'Est.

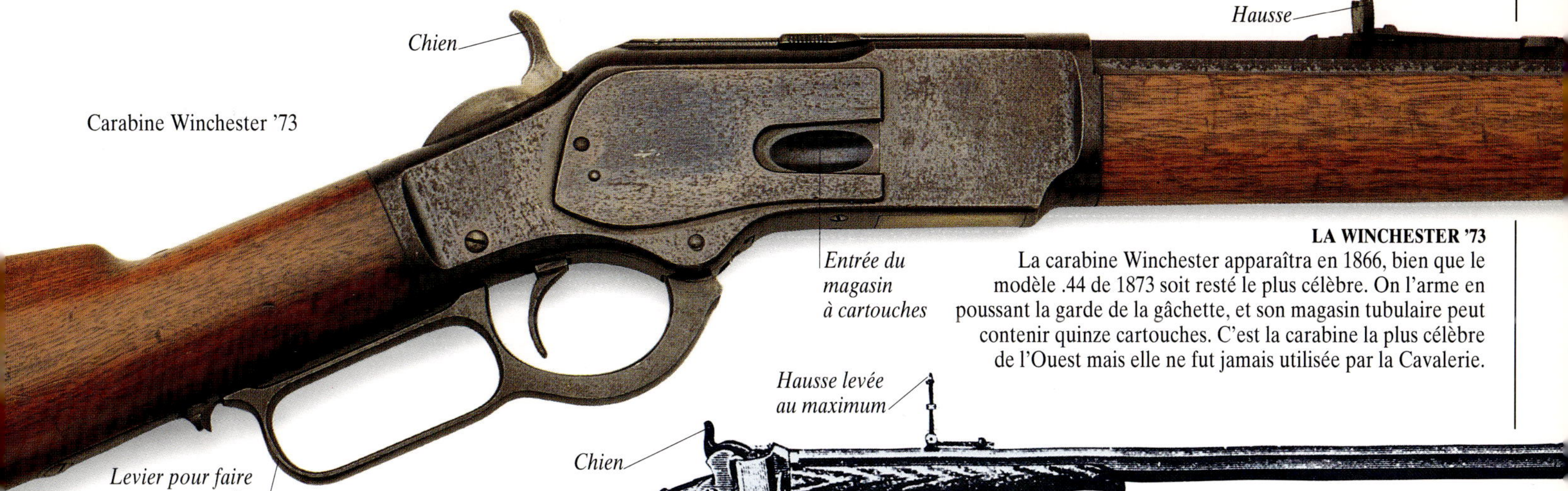

Carabine Winchester '73

LA WINCHESTER '73

La carabine Winchester apparaîtra en 1866, bien que le modèle .44 de 1873 soit resté le plus célèbre. On l'arme en poussant la garde de la gâchette, et son magasin tubulaire peut contenir quinze cartouches. C'est la carabine la plus célèbre de l'Ouest mais elle ne fut jamais utilisée par la Cavalerie.

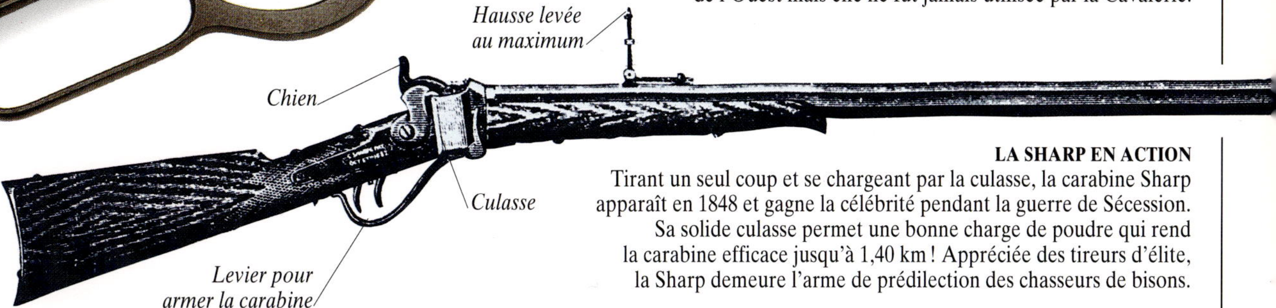

Carabine Sharp modèle .45 se chargeant par la culasse

LA SHARP EN ACTION

Tirant un seul coup et se chargeant par la culasse, la carabine Sharp apparaît en 1848 et gagne la célébrité pendant la guerre de Sécession. Sa solide culasse permet une bonne charge de poudre qui rend la carabine efficace jusqu'à 1,40 km ! Appréciée des tireurs d'élite, la Sharp demeure l'arme de prédilection des chasseurs de bisons.

Revolver à percussion de Remington appelé New Model Army .44, fabriqué en 1865

Copie de l'étui de Pat Garrett, en 1881 contenant un colt modèle .45

Balles

Boîte de graisse pour le canon

Boîte d'amorces à percussion

LE BRAS ARMÉ DE LA LOI

Dans la chambre à percussion du cylindre, chargée avec une balle et de la poudre, se produit une explosion sous l'effet de détonation de l'amorce. L'excellent modèle .44 Remington, breveté en 1858, a une puissante armature, plus solide que le colt.

LE RENÉGAT

John Wesley Hardin (1853-1895), bandit et psychopathe texan, est déclaré responsable de la mort de quarante hommes lors de son arrestation en 1877. Relâché en 1894, il écrit sa biographie pour se justifier et devient homme de loi à El Paso, au Texas, tout en continuant à jouer et à boire. En 1895, il est abattu d'une balle dans le dos par un policier qu'il avait menacé.

LE BANDITISME MÈNE À TOUT

Emmet Dalton (1871-1937) est le seul survivant du raid dramatique organisé contre ses frères à Coffeyville, au Kansas, en 1892. Sorti de prison en 1907, il écrit sa vie de bandit et devient une vedette de films muets.

Yosemite Sam, personnage de BD, armé de deux terribles pistolets

LE GAUCHER

Billy le Kid (1859-1881) est impliqué dans la tuerie du comté de Lincoln (1878-1880) au Nouveau-Mexique. Après le meurtre de son patron, John Tunstall, il se lance dans une série de vendettas jusqu'à ce qu'il soit abattu par le shérif Pat Garrett. Les journaux lui font une réputation de tueur sans pitié. Cette photo, souvent imprimée à l'envers comme ici, a fait croire que le Kid était gaucher.

... ELLES RÉVÈLENT LEURS SECRETS

Lorsque la production du revolver fut arrêtée en 1941, 357 850 exemplaires avaient été vendus. En 1878, au « Peacemaker » (mot à mot « faiseur de paix » !) modèle .45 s'ajouta celui de la « Frontière », dont la cartouche de calibre .44 correspondait aussi à la carabine Winchester (pp. 44-45). Ces armes de gros calibre, assez lourdes pour amortir le recul, garantissaient une certaine sécurité en bien des situations. Le colt était précis, bien équilibré, et tirait même si une partie du mécanisme était défaillante, ce qui n'était pas rare.

Sillon destiné à alléger l'arme

Encoche pour le verrouillage

On charge les cartouches, dans la moitié droite de la culasse, la chambre.

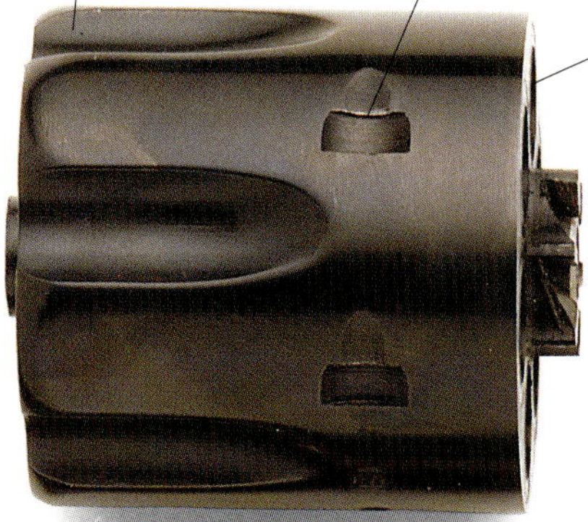

Barillet

Guidon

Canon long de 19 cm ou de 10,60 cm

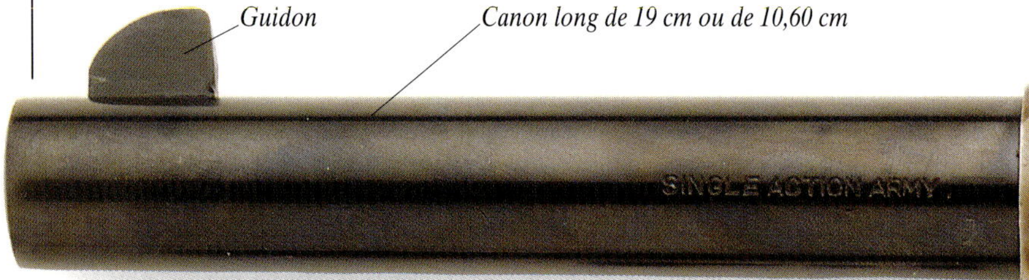

Le bouclier protège contre le gaz qui s'échappe lorsque l'arme fonctionne.

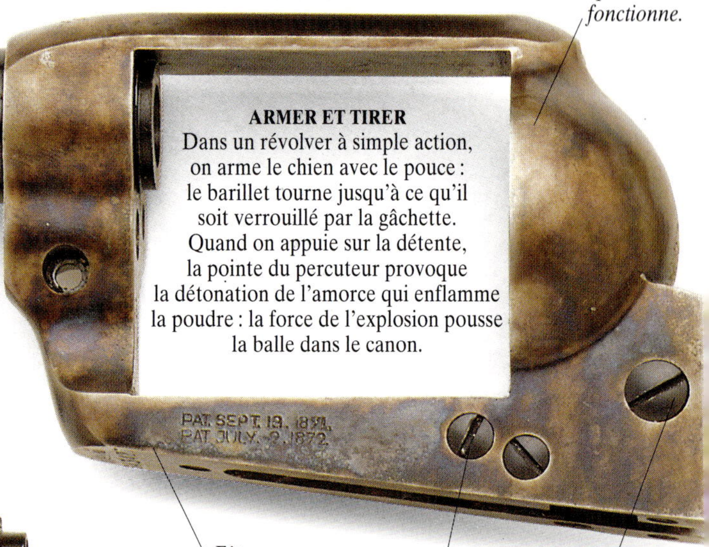

ARMER ET TIRER
Dans un révolver à simple action, on arme le chien avec le pouce : le barillet tourne jusqu'à ce qu'il soit verrouillé par la gâchette. Quand on appuie sur la détente, la pointe du percuteur provoque la détonation de l'amorce qui enflamme la poudre : la force de l'explosion pousse la balle dans le canon.

Fût

Vis de la gâchette

Vis du chien

Ecrou de chargement à ressort, fermant le barillet sur le côté du fût de la culasse

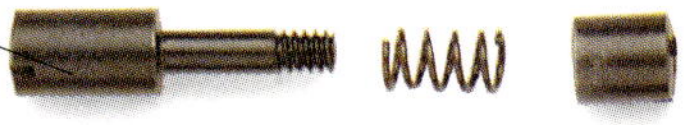

L'axe du barillet agit pour son fonctionnement

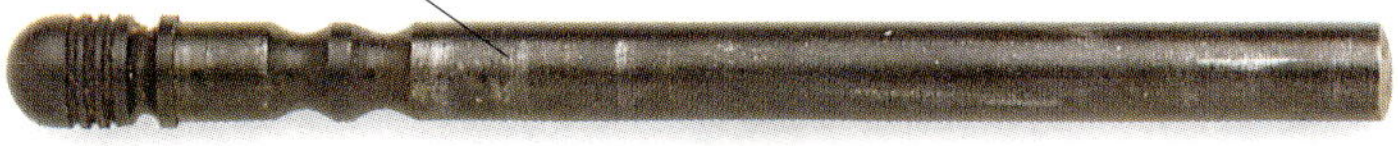

Le tube d'extraction, contenant la tige d'extraction, se trouve en dessous du canon sur le flanc droit du revolver.

Le tube d'extraction à ressort est repoussé dans le barillet, à chaque coup, pour évacuer chaque cartouche tirée par l'ouverture de chargement.

Ressort

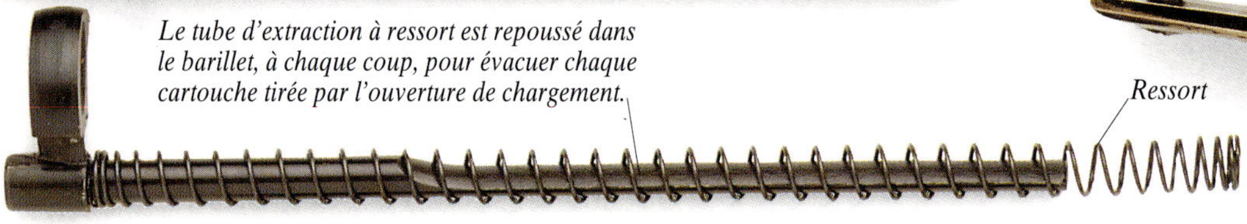

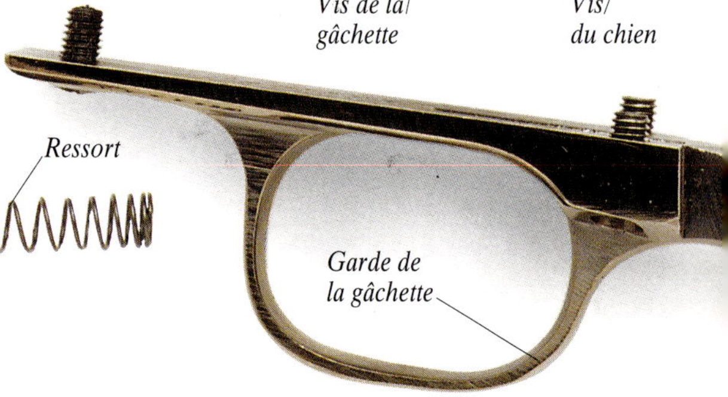

Garde de la gâchette

UN COLT EN PETITS MORCEAUX
Voici un colt modèle .44 à simple action en pièces détachées. En 1878, Colt fabriqua un revolver à double action, le « Lightning », calibre .38 ou .44. Dans ce type d'arme, une pression ferme sur la gâchette soulève le chien – qui fait tourner le barillet et le verrouille – puis le laisse retomber.

LE COLT WALKER
En 1847, l'armée américaine envoie le capitaine Samuel Walker acheter des revolvers colts. Il propose alors plusieurs innovations si bien que la nouvelle arme se fait connaître sous le nom de « Colt Walker ». D'une taille impressionnante, 39 cm, et pesant 2 kg, il servira de modèle à tous les futurs colts jusqu'en 1873.

L'ACTION DE LA GÂCHETTE
Quand le chien est armé, la détente met la gâchette sous pression pour le déclencher. Celle-ci verrouille aussi le barillet, la cartouche suivante se trouvant en face du canon et sous la pointe du percuteur. Bien que le mécanisme de fermeture soit à l'origine breveté par Colt, il a la mauvaise réputation de se casser facilement tout comme celui de la gâchette.

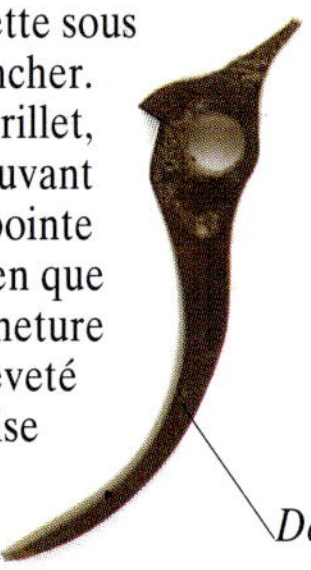

Détente

Arrêtoir du barillet

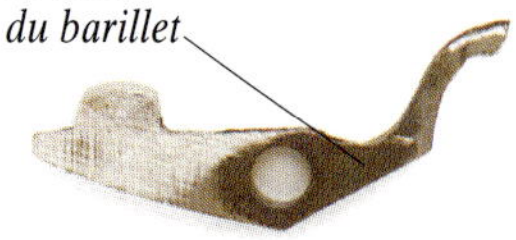

Ressort de la détente

COLTS À VENDRE
Samuel Colt (1814-1862) fait breveter son premier revolver en 1835. Un modèle amélioré est d'abord vendu aux Texas Rangers (pp. 42-43) puis à l'armée pendant la guerre du Mexique (1846-1848). La compagnie Colt connaît une expansion considérable pendant la guerre de Sécession : elle vend alors plus de 300 000 revolvers, surtout le modèle de 1851 de la marine, calibre .36 et celui de 1860 de l'armée, calibre .44. Colt est l'un des principaux fournisseurs de l'armée, de la police et même des civils.

Kit Carson était trappeur, éclaireur et agent indien.

Buffalo Bill était éclaireur et homme de spectacle.

Wild Bill Hickok guide, tireur d'élite et policier

LÉGENDES DE L'OUEST
Kit Carson (1809-1868) a peut-être utilisé un colt dans ses dernières années. Wild Hickok (1837-1876) porte deux colts de la marine, calibre 36. Buffalo Bill (1846-1917) affirme sa préférence pour un Smith et Wesson.

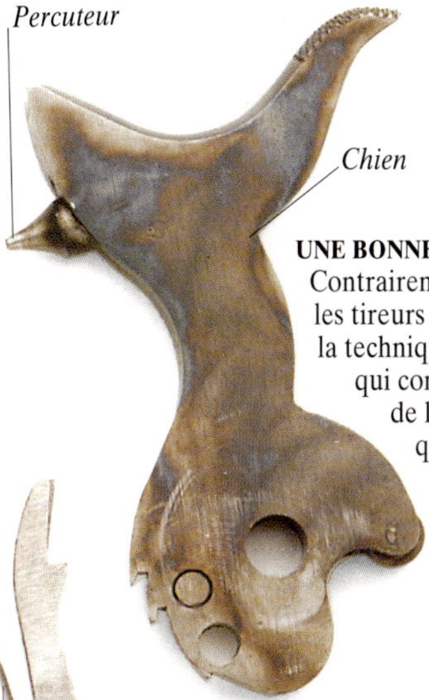

Percuteur

Chien

Ressort

UNE BONNE TECHNIQUE
Contrairement aux héros de western, les tireurs n'adoptent jamais la technique de l'« enragé », qui consiste à armer le percuteur de la main gauche pendant que la main droite appuie sur la gâchette, car ils risqueraient alors d'enrayer l'arme.

Porte de chargement

Tige d'extraction

Crosse en vulcanite

FAIRE LA PAIX
Le colt calibre .45, modèle de 1873, baptisé « Peacemaker », connaît un beau succès. Jusqu'en 1891, l'armée en achète plus de 36 000, dont le barillet est de 19 cm. A 17 dollars pièce, il est vendu dans tout l'Ouest. Arrêtée en 1941, la production reprend en 1955 à la demande du public.

Ressort principal

Crosse de revolver

BRICOLER UNE ARME
Beaucoup de cow-boys négligent leurs armes. Ceux pour qui elles sont vitales, policiers ou tueurs, en prennent le plus grand soin. Certains bricolent leur colt pour tirer plus vite : en limant le verrouillage pour faire fonctionner le percuteur à la moindre pression ou en bloquant la gâchette en arrière pour tirer en actionnant seulement le percuteur. En fait, il est moins important de pouvoir dégainer vite que de savoir supprimer toute hésitation pour atteindre sa cible.

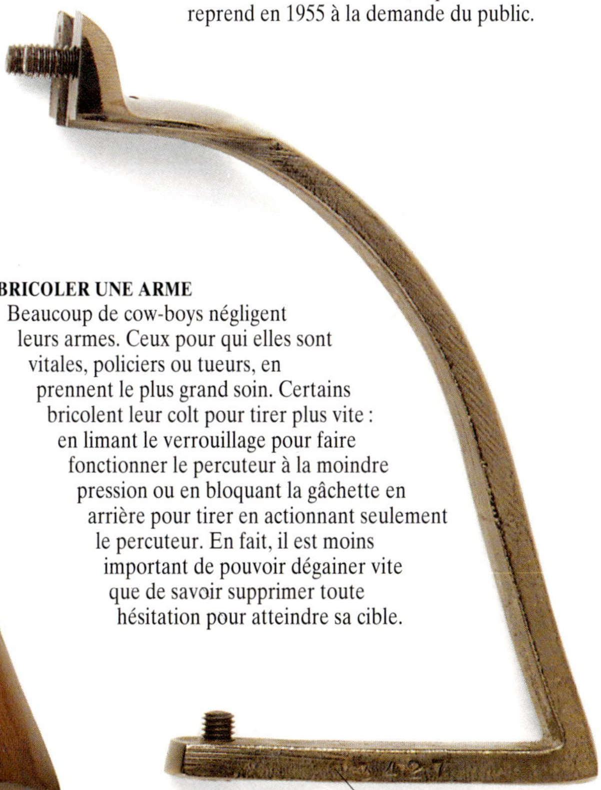

Fixation de la crosse

UNE CROSSE FERME
Les crosses en noyer sont fabriquées en usine. On emploie aussi l'ivoire et l'huître perlière, bien que les tireurs préfèrent un matériau qui ne glisse pas, tel que la corne de daim.

LE GAUCHO, REBELLE DE LA PAMPA

Les pampas, immenses plaines de l'Argentine et de l'Uruguay, sont depuis trois siècles le royaume du gaucho, du mot indien signifiant « exclu ». Les gauchos vivaient loin des villes et des bourgades coloniales et refusaient les lois de la société.

À l'origine, ils chassaient le bétail sauvage pour vendre les peaux, et les autorités les considéraient comme des hors-la-loi. Au cours du XIXe siècle, avec l'extension de l'élevage, les gauchos travaillèrent au rassemblement du bétail et au dressage des chevaux, comme les cow-boys, et perdirent ainsi leur indépendance. Aujourd'hui, leur tempérament robuste et leur amour de la liberté en font des héros légendaires, un véritable symbole national.

Chapeau à calotte basse et à larges bords

Panuelo, *foulard noué*

Poncho en coton épais pour l'été

Boleadoras *avec trois boules*

Bombachas, *pantalon blousant retombant sur les bottes en cuir*

Bride en cuir tressé

LE GAUCHO DANS LE VENT

Le costume du gaucho se transforma profondément au cours du XIXe siècle. Le *chiripà*, un pantalon de toile grossière, trop ample, fut remplacé par les *bombachas*, un pantalon blousant. Le chapeau à bords étroits laissa la place à un chapeau à larges bords et calotte basse, ou parfois à un béret. Toutefois, le poncho en laine ou en coton et la ceinture garnie de pièces de monnaie subsistèrent.

Récipient à maté en cuir avec un décor en cuivre

Récipient à maté avec décor peint

Bombilla *en cuivre*

Bombilla *en argent*

LA PAUSE THÉ

A la maison ou dans la pampa, les gauchos buvaient une sorte de thé, riche en caféine, le *yerbamaté*, boisson empruntée aux Indiens. Le maté est préparé dans une petite calebasse d'où on l'aspire avec des petits tubes d'acier appelés *bombillas*. Aujourd'hui, les gauchos conservent l'eau chaude de leur maté dans un thermos recouvert de cuir.

Thermos en cuivre décoré

Facón en argent dans un étui en cuir

On glissait parfois le facón *dans la botte.*

Facón brésilien du XXe siècle très élaboré

LA CHASSE ET LA NOURRITURE

Avec son couteau, le *facón*, le gaucho tuait les animaux, écorchait une bête et coupait la viande. Les *facones* avaient souvent un manche d'argent et un étui décoré. Les gauchos gardaient leur *facón* sur eux, coincé dans la ceinture, dans le dos, et réglaient leurs différends, non pas à l'arme à feu, mais dans un duel au couteau.

DES GUÊTRES MAISON

A l'origine, les gauchos chevauchaient pieds nus. Les guêtres, appelées *botros de potro*, étaient faites dans un cuir souple de poulain, bien adaptées à la jambe. La quantité de poulains massacrés pour cette fabrication était telle que les éleveurs exigèrent en 1850 une loi pour interdire les bottes faites à la maison.

Pierre enveloppée d'une peau de cheval

Boleadoras à trois boules

Lanière tressée en peau de cheval

LA QUÊTE DU NANDOU

Au XIXe siècle, la mode des grandes plumes incita les gauchos à chasser le nandou, sorte d'autruche d'Amérique du Sud. Munis de *boleadoras* à une ou deux boules, les chasseurs encerclaient une bande d'oiseaux puis en isolaient un pour l'abattre. Parfois ils incendiaient les pampas pour lever les autruches, ce qui provoquait la colère des éleveurs.

UNE ARME EN CUIR AVEC UNE, DEUX OU TROIS BOULES

Les Indiens apprirent aux gauchos le maniement des *boleadoras*. Trois lanières en peau, d'une longueur de 1 à 3 m, se terminent par des balles en bois ou en métal ou encore des pierres enveloppées de cuir. Le chasseur fait tournoyer l'arme, puis la lance, les *boleadoras* venant alors s'enrouler autour des jambes de la proie en fuite. Les *boleadoras* varient suivant la taille de l'animal chassé : une ou deux boules suffisent pour les petits animaux et les oiseaux.

Cinturon *décoré de pièces d'argent*

La boucle en argent finement gravée atteste le goût prononcé du gaucho pour l'habillement.

UNE BANDE D'ARGENT

Ce ceinturon de cuir, le *cinturon*, atteste le penchant des gauchos pour les décorations luxueuses : la grosse bande d'argent du ceinturon est assortie de pièces de monnaie. Quelques gauchos portaient également une large ceinture en laine, la *faia*.

BEAUCOUP PLUS QUE DES ÉPERONS
Les éperons de travail, *espelus*, ont des molettes de 5 à 10 cm, en fer ou en acier. Pour les fêtes, on portait des éperons de cérémonie décorés d'argent et dont les molettes étaient impressionnantes.

Eperon du XIXe siècle en métal bleuté, dont la molette à 32 dents mesure 2,6 cm

DEVANT
Au XIXe siècle, les selles de gauchos n'avaient pas de pommeau mais une pièce, souvent en argent, appelée *cojinillo*.

Cojinillo en argent

« HUASOS » ET « LLANEROS »

Le développement important du bétail en Amérique du Sud favorisa l'apparition d'un gardien proche du gaucho argentin. Au Chili, les « huasos », renommés pour leurs qualités équestres et leur dextérité au lasso, utilisaient également les « boleadoras ». Plus au nord, dans les plaines du Venezuela, les « llaneros » avaient comme le gaucho une réputation d'individualisme ; les cow-boys d'Amérique du Sud n'avaient que des besoins simples et se montraient fiers de leur travail et de leur mode de vie.

Eperon en bronze, plaqué argent, du XIXe siècle, dont la molette à 16 dents mesure 1,1 cm

Eperon en acier avec des plaques de cuivre incrustées, dont la molette à 18 dents mesure 1,6 cm

Eperon en fer forgé à la main, du XIXe siècle, dont la molette à 8 dents mesure 1,6 cm

Eperon en fonte du XIXe siècle, dont la molette à 7 dents mesure 0,8 cm

UN FRINGANT PÉRUVIEN
Le paso péruvien (mot espagnol désignant le pas) est un cheval d'une grande endurance. Son allure tranquille lui permet de couvrir de longues distances assez rapidement.

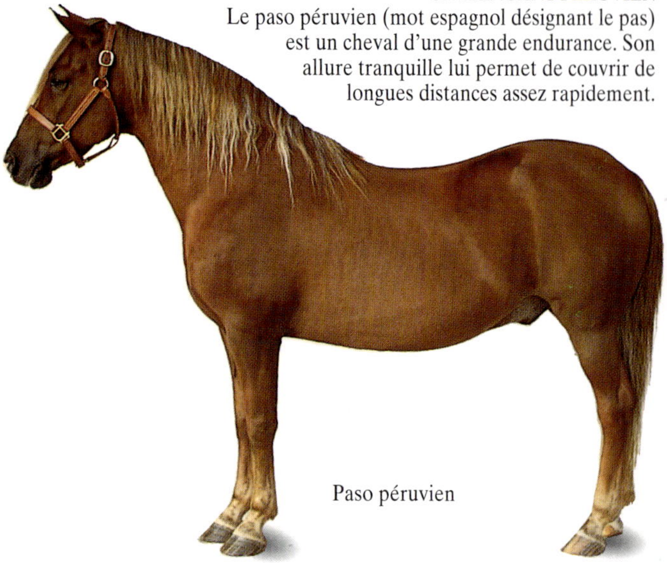

Paso péruvien

Groupe de quatre vaches zébus et d'un veau

BÉTAIL DES INDES
Le zébu, appelé aussi *brahma*, fut importé en Amérique du Sud. Réputé pour sa résistance à la chaleur, à la sécheresse et aux maladies provoquées par les tiques, il fut croisé avec le bétail local.

Selle du XXe siècle du Guatemala

SELLE DU GUATEMALA
Elle date du XXe siècle. Elle appartenait à un infirmier anglais qui partait visiter ses malades en pleine campagne ; elle a peut-être servi également à un cow-boy car elle a un pommeau très haut.

UN GAUCHO DU SIÈCLE DERNIER
Les gauchos se sont battus lors de la guerre d'Indépendance de l'Argentine contre l'Espagne (1810-1816). On les considérait alors comme des patriotes et non comme des bandits. Employés par de grands propriétaires, les *estancieros*, les gauchos avaient peu de besoins et vivaient en autarcie. Celui-ci, de la région de Buenos Aires, porte le costume traditionnel des années 1860.

ÉTRIERS INSOLITES
Ces étriers triangulaires en cuivre (*estribos* en espagnol), avec haut mobile, datent probablement du XVIIe siècle. Leur forme et leur décor suggèrent qu'ils appartenaient à une personne d'un rang élevé.

Etriers en cuivre du XVIIe siècle

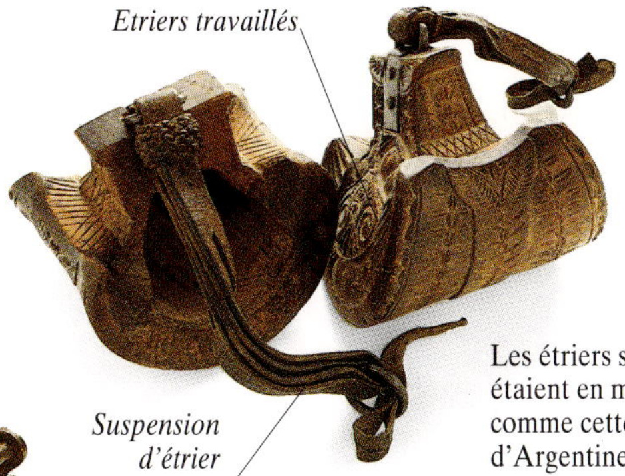

Les étriers sud-américains étaient en métal ou en bois, comme cette paire qui vient d'Argentine.

ORTEILS NUS
Au début du XIXe siècle, les gauchos chevauchaient nu-pieds – le gros orteil étant passé dans l'étrier. Beaucoup de voyageurs constataient que cette pratique avait pour grave conséquence de déformer les pieds des gauchos.

DIFFÉRENTES SORTES DE PANTOUFLES
Les *estancieros* (propriétaires) et les classes sociales élevées offraient à leur épouse et à leurs enfants des « chaussons d'étrier » : ils empêchaient le pied de glisser à travers l'étrier.

Chausson d'étrier d'enfant en cuivre

Chausson d'étrier de femme en argent

SI LA LANIÈRE VA, PORTEZ-LA !
Pauvres et nu-pieds, les gauchos portaient des éperons attachés au pied par une lanière de cuir. Celui-ci, confectionné par son propriétaire, présente un arceau perforé où vient se loger la molette.

Lanière de talon sud-américaine en cuir avec un éperon à molette

Veau zébu de 21 mois

LE TEMPS DES GARDIANS

Paysage sauvage de marais salants et de lagunes sablonneuses, la Camargue s'étend dans le delta du Rhône. Chaude et humide l'été, balayée par le mistral l'hiver, cette région de Provence est parfois appelée le « Far West de la France ». Des manadiers élèvent des taureaux de combat et confient la garde de leur troupeau, la manade, à des gardiens montés sur des chevaux blancs typiques de cette région. Le mot gardian vient de l'ancienne expression occitane « gardo-besti », le garde-bestiaux dont les gardians perpétuent le code de l'honneur hérité de la chevalerie médiévale. La confrérie des Gardians fut fondée en 1512 mais nombre de traditions avaient disparu jusqu'à ce que le marquis Folco Baroncelli les remette à l'honneur au siècle dernier. Baroncelli aimait la Provence et se plaisait à partager le rude mode de vie des gardians.

GARDIAN DE MANADE
Chaudement couvert, ce gardian de la fin du XIXe siècle surveille une manade près de sa cabane, qui se compose d'une pièce unique : l'entrée est au sud, à l'abri du terrible mistral qui vient du nord.

LES HABITS DU DIMANCHE
Dans les années 1920, les épouses de gardians portent le magnifique costume traditionnel des femmes de la région d'Arles. Cette mode se développe au cours du XVIIIe siècle puis tombe en déclin. Elle connaît un nouveau regain grâce aux efforts de l'écrivain Frédéric Mistral (1830-1914), artisan passionné de la renaissance de la culture provençale. Aujourd'hui, ces costumes n'apparaissent qu'au moment des fêtes.

Gilet de moleskine

Jupe-culotte permettant de monter à cheval sans entrave

UNE MÈRE ET SON ENFANT
L'élevage est une activité essentiellement masculine, et rares sont les femmes maîtres de troupeaux, mais les épouses et les enfants des gardians participent à la surveillance des troupeaux de chevaux et de taureaux. Au travail, la femme gardian porte des vêtements identiques à ceux des hommes, excepté une jupe-culotte. Les enfants apprennent à monter à cheval très jeunes. Ce garçon est habillé d'un gilet et d'un pantalon de moleskine, identiques à ceux du père : il ne lui manque que la veste.

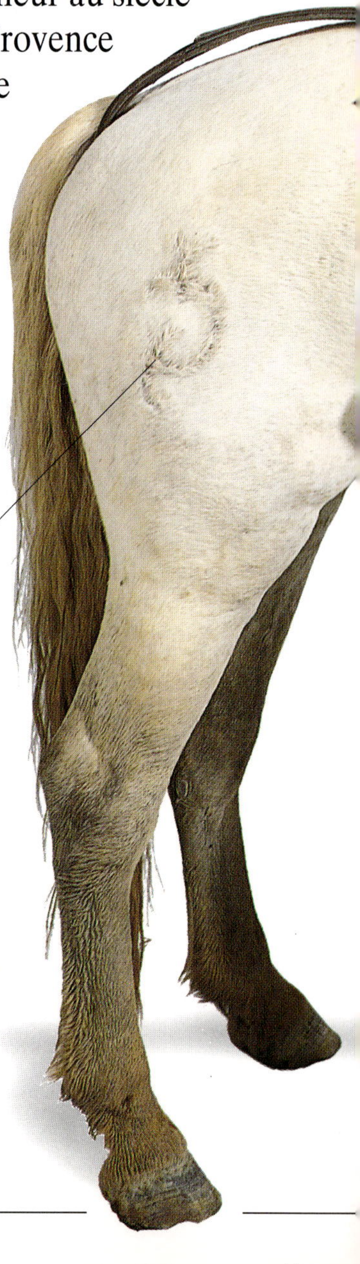

Marque au fer du propriétaire

BOTTES TRADITIONNELLES
A l'origine en cuir brut, les bottes sont aujourd'hui en peau souple et montent jusqu'au mollet, comme en Amérique. Au siècle dernier, certains gardians portaient des sabots à semelles plates, sans talons.

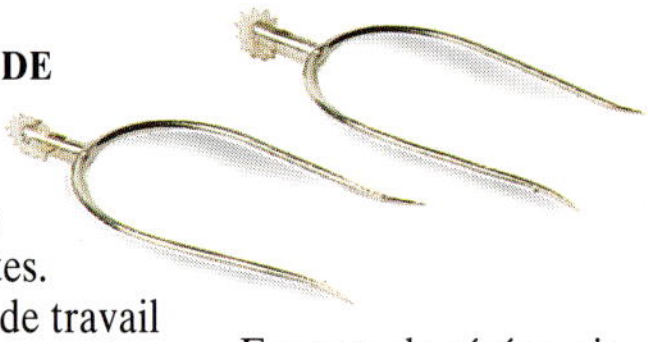

Eperons de cérémonie

PRÊT POUR LA PARADE
Ces beaux éperons (à droite) sont réservés à des événements exceptionnels, défilés ou fêtes. Plus fins que les éperons de travail (ci-dessous), ils sont moins efficaces pour aiguillonner le cheval.

Eperons pour le travail

ÉPERONS DE TRAVAIL
Les gardians ont des éperons d'acier, avec une molette à dix pointes, qu'ils fixent sur la botte par une petite sangle. On n'éperonne le cheval que si le galop est nécessaire, pour se dégager, par exemple, d'un taureau qui charge.

PAS DE MOUCHES
La cravache est utilisée comme un fouet pour dresser les jeunes chevaux nerveux. Attaché aux rênes, le *mouscaü* se balance de droite et de gauche, chassant ainsi les nuées de mouches qui importunent le cheval dans les marais.

UN GARDIAN ET SON CHEVAL
Aujourd'hui, le gardian porte des vêtements à la fois traditionnels et pratiques. La veste de velours noir demeure caractéristique des pays méditerranéens. Le marquis Baroncelli y ajouta une bordure de galon noir, les soutaches. La chemise est toujours très colorée : est-ce pour retrouver plus facilement un gardian tombé dans les marais ? Quant aux pantalons, ils sont en moleskine, un coton épais, mais, aujourd'hui, de plus en plus remplacés par le jean.

UN GARDIAN D'AUTREFOIS
C'est ici la tenue traditionnelle d'hiver d'un manadier. Contraint à demeurer plusieurs jours loin de sa ferme, le mas, il se protège du froid avec un caban, sorte de pardessus en forme de cape. Ses cuissardes imperméables lui permettent de travailler sous la pluie et dans les marais salants. Aujourd'hui, seuls 80 manadiers continuent à élever des taureaux espagnols ou camarguais.

LE DRAME DE L'ARÈNE
Les courses à la cocarde se déroulent dans des arènes. Certaines datent de l'époque romaine, comme celles d'Arles qui peuvent accueillir 23 000 personnes. D'autres courses ont lieu dans les villages, soit dans des arènes de fortune, soit dans des arènes permanentes. Les taureaux qui courent dans l'arène s'appellent des cocardiers.

LA COURSE À LA COCARDE
On immobilise le taureau pour fixer sur son front un ruban rouge, la cocarde. Elle est retenue par une ficelle que l'on enroule à la base de chaque corne, où l'on fixe aussi un gland de couleur blanche. Les hommes qui affrontent le taureau sont les *razeteurs*, du mot *razet* qui désigne le demi-cercle que l'on fait en courant devant le taureau pour lui arracher la cocarde. Ils tiennent à la main un crochet dont la forme évoque les serres d'un oiseau de proie. Ils sont de deux types : l'un moderne, à droite ; l'autre plus ancien, à l'extrême droite.

Crochet moderne

Crochet ancien

Un gland blanc est attaché à chacune des cornes du taureau.

Une ficelle entoure la base des cornes du taureau.

Cocarde, ruban rouge

SEULS LES BRAVES AFFRONTENT LE TAUREAU

La course de taureaux provençale est une épreuve de courage et d'adresse, aux antipodes de la corrida sanglante d'Espagne. Dans l'arène, les hommes tentent d'arracher une cocarde fixée entre les cornes du taureau par un crochet. Le taureau camarguais charge très vite et se retourne aussi rapidement qu'un cheval, ce qui rend le jeu aussi passionnant que dangereux. Les taureaux retrouvent leur manade à la fin de la course. En Camargue, il existe une soixantaine d'éleveurs de taureaux de race camarguaise, pour une vingtaine d'élevages de taureaux espagnols.

Cloche qui guide les taureaux et les vaches égarés

LA CLOCHE DE TAUREAU
Au milieu des marais, on repère difficilement les taureaux perdus ou blessés. C'est pourquoi les gardians attachent une cloche autour du cou des bêtes, taureau ou vache, qui mènent le troupeau. Ces cloches en laiton poli sont de formes et de tailles différentes donnant ainsi à chacune un son particulier qui permet au propriétaire de reconnaître son animal.

UN TAUREAU DE COMBAT
Les taureaux typiques de Camargue descendent peut-être de ceux que l'on trouve peints sur les murs des grottes de Lascaux en Dordogne. Ils ont un pelage noir, frisé et brillant, sont sauvages et indépendants, et ne sont élevés que pour la course. En 1869, le célèbre manadier Joseph Yonnet (1816-1894) entreprit pour la première fois des croisements avec des taureaux espagnols.

Trident ancien

LE NEZ ENTRAVÉ
Ce *mouraü* taillé dans du bois de saule sert au sevrage des jeunes veaux. On le fixe au nez du veau : s'il lève le museau pour téter sa mère, le bois l'empêche d'attraper le mamelon en obstruant la bouche, mais ne le gêne pas pour brouter l'herbe.

Mouraü, pour le sevrage des jeunes veaux

Le fer de gauche appartient aux haras nationaux (E désigne l'année de naissance et le 5 indique qu'il s'agit du cinquième poulain de l'année) ; le fer en forme d'ancre (à droite) appartient à un ancien marin.

FERS ET FERRADE

La ferrade des jeunes animaux de un an, tant chevaux que bovins, est l'occasion d'un spectacle populaire. Chaque propriétaire possède sa propre marque, le plus souvent des initiales ou un simple symbole. Le fer de droite, qui appartient à une célèbre famille de gardians, est particulièrement élaboré, les deux cœurs superposés représentant une mère et ses fils. Les chevaux doivent porter aussi la marque des haras nationaux (à gauche), une lettre et un nombre indiquant l'âge et le numéro d'ordre de naissance du poulain.

Fers d'une famille très connue, le cœur externe symbolisant une mère, et les cœurs internes ses deux fils

LE MARQUAGE

Les fers à marquer sont rougis au feu de bois, puis montés sur des manches de bois. On renverse les taureaux dans leur course, à l'aide d'un trident, puis on les marque au fer dès qu'ils sont à terre.

CHEVAUX BLANCS DE CAMARGUE

La Camargue connaît depuis mille ans ces « chevaux blancs de la mer », élevés dans les marais. Ils se caractérisent par une tête large, un cou ramassé, une crinière et une queue longues et fournies. Leurs sabots très larges s'adaptent parfaitement aux sols meubles, humides et marécageux. En 1951, le film d'Albert Lamorisse, *Crin-Blanc*, a rendu célèbres dans le monde entier ces remarquables chevaux de Camargue.

ANCIEN ET MODERNE

Le trident du gardian trouve peut-être son origine dans la lance de joute à trois pointes du chevalier du XIVe siècle. Il est encore utilisé dans les champs pour guider le bétail, repousser la charge d'une bête ou séparer des taureaux qui sont capables de se battre jusqu'à la mort. Dans l'arène, l'usage veut que deux cavaliers armés de leur trident interviennent pour calmer un taureau récalcitrant.

Le drapeau des gardians, en soie rouge brodée d'or, représente saint Georges terrassant le dragon.

Trident moderne

SAINT GEORGES ET LE DRAGON

A son origine, au XVIe siècle, la confrérie des Gardians ne comptait que 37 membres. Actuellement, elle en réunit environ 350. Sous l'autorité d'un capitaine, élu chaque année, cette société (dont la fête annuelle est le 23 avril) vient en aide aux veuves et aux familles des gardians démunis. L'étendard de la confrérie date de 1820. Il est en étoffe de soie cramoisie, brodée d'or, et porte l'effigie de saint Georges terrassant le dragon.

LES GARDIENS ABORIGÈNES
Les aborigènes, les premiers habitants de l'Australie, se sont engagés pour travailler dans les élevages au XIXe siècle. Ils se sont très vite adaptés à ce genre de travail qui représente un aspect de leur mode de vie. Depuis les années 1970, certains ont acheté leur propre élevage et le gèrent eux-mêmes.

EN AUSTRALIE, LA MOTO REMPLACE LE CHEVAL

Sur un continent aride comme l'Australie, élever du bétail est une gageure. Pourtant, à partir de 1830, l'élevage est devenu une industrie importante. Le gardien de troupeau, le « ringer », du nom de celui qui rassemble le troupeau la nuit, est devenu une véritable légende comme le cow-boy américain. La légende tait le fait que la majorité des gardiens était des aborigènes – et des femmes. Les « jackaroos », les propriétaires des élevages, étaient secondés par des « jillaroos ». Aujourd'hui, certains élevages, dans le Nord-Ouest, s'étendent sur 200 000 hectares environ. De petits avions, des hélicoptères et des motos ont depuis longtemps remplacé les chevaux. L'Australie compte plus de bétail que d'habitants : 25 millions de bêtes pour 17 millions d'Australiens. C'est une menace pour le milieu naturel car elles s'attaquent pendant la sécheresse à un sol déjà pauvre en végétation.

LE FOUET CLAQUE
Les conducteurs de troupeau n'utilisaient leurs armes que pour effrayer les taureaux les plus âgés et rassembler le troupeau. Ils maniaient un fouet spécial, d'une longueur de 1,80 à 2,10 mètres, en cuir tressé qui claque comme un coup de revolver.

ÉQUIPEMENT DE SECOURS
Dans la région de Kimberley, l'Australie de l'Ouest, le gardien porte une ceinture en cuir où il accroche couteau, boîte d'allumettes en fer et montre. Le bidon (un peu plus de 1 litre) sert à faire bouillir de l'eau. Les deux gourdes en toile contiennent chacune un peu plus de 1 litre, l'une pour boire, l'autre pour cuisiner.

ATTENTION TROUPEAUX !
Les gardiens conduisent des troupeaux sur des distances immenses, dans tout le pays. Nat Buchanan ouvrit des pistes du Queensland au Territoire du Nord. En 1833, avec 70 gardiens, il conduisit 20 000 bêtes de race shorthorn sur 3 000 km pour les mener à Victoria River Downs.

DANS DES PLAINES LOINTAINES
Pour faire la piste, il fallait un bât spécial, adapté au transport des vivres et de l'équipement ; on le faisait en cuir brut très résistant.

Akubra *avec ruban de cuir*

Les selles australiennes comportent de larges ailes sur la fourche mais n'ont pas de pommeau élevé.

Cravache en cuir tressé

Drizabone *en toile cirée*

Gardien de troupeau australien

Etriers en fer, typiques des selles de gardien

Le manteau largement fendu ne gêne pas les mouvements du cavalier.

Gardien vu de dos

LÉGENDE AUSTRALIENNE
Le bandit légendaire Ned Kelly (1855-1880) était issu de la communauté irlandaise d'Australie. Au cours du XIXe siècle, celle-ci avait subi les traitements iniques des lois foncières et de la police. Il se fit d'abord voleur de chevaux et de bétail, puis attaqua des banques. Malgré son casque en fer et son armure, il fut pris et pendu.

LE GARDIEN AUSTRALIEN
Ce gardien de troupeau porte le vêtement de la saison des pluies. Le manteau *drizabone* est l'héritier du ciré huilé des marins du XIXe siècle. Le jean remplace le pantalon de moleskine. Son chapeau *akubra* a les bords relevés. A la différence du cow-boy américain, il porte des bottes basses, et le pommeau de sa selle n'est pas très haut.

LE RASSEMBLEMENT DU BÉTAIL
C'est encore aujourd'hui un travail pénible mais qui se mécanise. Un camion apporte vivres et motos pour les gardiens. On utilise encore les chiens, dont le fameux blue heeler. Obtenu par croisement de plusieurs races de chiens, notamment du dingo, le blue heeler mordille les pattes du bétail.

« FILLES DE MAUVAISE VIE »
Les journaux et des auteurs de romans populaires inventèrent la « Reine des bandits », Belle Star (1848-1889). La vraie Belle fréquenta nombre de bandits, puis organisa son propre gang, en Oklahoma, jusqu'à ce qu'elle soit abattue à son tour, peut-être par son propre fils.

LES HÉROS NE SONT PAS TOUS DES HOMMES

Au XIXe siècle, dans tous les pays d'élevage, les femmes ont joué un rôle important dans la mise en valeur de la nature. Elles luttaient pour construire un foyer dans les pires conditions, certaines en mouraient. Dans l'Ouest américain, les femmes des ranchs restèrent longtemps ignorées, sauf quelques « baronnes du bétail » comme Susan Mc Sween, la veuve de l'un de ceux qui participèrent à la tuerie du comté de Lincoln en 1878. Les westerns ont retracé la vie des filles de saloons, leur carrière brève et misérable. Des femmes se lanceront dans le banditisme, et la presse à sensation exploitera leurs méfaits, tels que ceux de « Cattle Annie » Mc Dougal et de Jennie « Little Britches » Stevens en 1893-1894.

COW-GIRL CANADIENNE
Les préjugés du XIXe siècle étant moins forts à l'Ouest, les épouses et les filles des éleveurs canadiens participaient au travail sur les pâturages. Cette cow-girl, intimidée devant l'appareil photo, porte un costume de cow-boy de l'Ouest canadien et une paire de revolvers placés de façon bien incommode.

« JILLAROOS » D'AUSTRALIE
Candidats à la direction d'un élevage, les *jackaroos* apprennent leur travail en s'embauchant comme gardiens de bestiaux. Aujourd'hui, de plus en plus de femmes, telles que ces deux *jillaroos* de la Nouvelle-Galles du Sud, suivent cette voie.

1 UNE CAVALIÈRE RAPIDE
Affranchies des règles sociales qui les empêchaient de monter à cheval, les femmes ont démontré qu'elles chevauchaient aussi vite et aussi bien que les hommes, comme le prouve aujourd'hui leur participation aux rodéos.

Pour contourner un baril, un léger mouvement sur la bride suffit.

2 UNE COMPÉTITION SÉVÈRE
Aux Etats-Unis, au Canada et en Australie, les rodéos comportent une « course entre barils » réservée généralement aux femmes. Il s'agit de mimer la technique qui permet de séparer un bœuf du troupeau. Chaque cavalière dessine un trèfle en galopant autour de trois barils d'huile vides placés dans un triangle. La plus rapide gagne, on compte un handicap de 5 secondes pour chaque baril renversé.

Le corps s'incline dans la direction que le cheval doit suivre.

CALAMITY JANE
Martha Jane Cannary (1852-1903), surnommée « Calamity Jane », se rendit célèbre en s'habillant, jurant et buvant comme un homme. Elle traînait autour des camps de l'armée et de mineurs mais, contrairement à la légende, ne fut jamais guide, ni fiancée à Wild Hickok (p. 42). Elle tenta d'exploiter à son profit l'image de personnage terrifiant que le roman populaire donnait d'elle.

Affiche publicitaire vantant les exploits de Annie Oakley dans le cirque de Buffalo Bill

« DEMOISELLE ET TIREUR ÉMÉRITE »
Phoebe Moses (1860-1926), surnommée « Annie Oakley », s'est fait une réputation de remarquable tireuse d'élite et de « superwoman de l'Ouest » dans le cirque de Buffalo Bill. En réalité, elle était née dans l'Ohio et connut l'Ouest grâce au spectacle de Buffalo Bill. Malgré tout, sa légende a été immortalisée au théâtre et à l'écran par la chanson à succès *Annie Get Your Gun*.

3 **UN CHEVAL COMPLICE**
Cavalier et cheval doivent être particulièrement agiles et se sentir en pleine forme pour la course entre barils. Habileté et confiance entre le cavalier et sa monture sont indispensables.

Les pieds de la cavalière ne touchent jamais les flancs.

Jupe-culotte

4 **LES RODÉOS FÉMININS**
Ils sont aussi très populaires. Comme les hommes, les cow-girls chevauchent un bronco, cheval non dressé, attrapent un veau au lasso par les pattes de derrière, attachent une chèvre et saisissent un ruban sur le dos d'un bœuf en pleine course. Tout cela sur un cheval lancé à grande vitesse.

LE MAINTIEN DES TRADITIONS
Epouses et filles des gardians de Camargue participent au travail et conduisent les troupeaux de chevaux et de taureaux. Les femmes portent un costume associant aspect pratique et tradition. Jupe-culotte mise à part, elles sont habillées à peu près comme les hommes.

COW-BOYS TOURISTES
Portant des appareils photo plutôt que des revolvers, les touristes à cheval tentent de retrouver l'aventure de l'Ouest sans partager la rude existence des vrais cow-boys.

QUAND HOLLYWOOD S'EN MÊLE

Le cow-boy a quitté l'espace du réel pour devenir héros mythique. Cette étrange mutation commence vers 1900, mais dès les années 1880, les grands spectacles de l'Ouest sauvage mettent en vedette des cow-boys transformés en fringants hommes d'action. Puis les écrivains inventent un cow-boy fort et silencieux, invincible dans ses colères froides.

À partir de 1903, la nouvelle industrie du cinéma s'empare d'un héros sur mesure et garantit sa popularité. L'image romantique du cow-boy est si puissante qu'elle s'est imposée dans la musique, la mode, et enfin dans la publicité. L'homme à cheval et armé parcourant des espaces immenses est une invention du XXe siècle.

Publicité utilisant le mythe du cow-boy

Gene Autry (né en 1907)

REVOLVER ET GUITARE
Les « cow-boys chantants » deviennent populaires à la radio dans les années 1920, et dans les films parlants après 1928. Le plus célèbre est Gene Autry qui se fit connaître en chevauchant Champion the Wonder Horse dans 95 films, et reste l'exemple même du cow-boy pur et dur. Le gratteur de guitare Roy Rogers, né en 1912, demeure la grande vedette des westerns entre 1942 et 1954, et monte également un cheval connu, Trigger. Adulé du jeune public, Rogers prouve qu'une guitare vaut bien un colt. Dans les années 1950, les deux vedettes ont créé leur propre feuilleton à la télévision.

Le chapeau de Tom Mix, conçu spécialement par la firme Stetson

LA PREMIÈRE GRANDE VEDETTE DU WESTERN
Tom Mix tourne plus de 300 films et devient la première grande vedette du western. La violence de l'action et ses costumes extravagants donnent du cow-boy une image magnifiée.

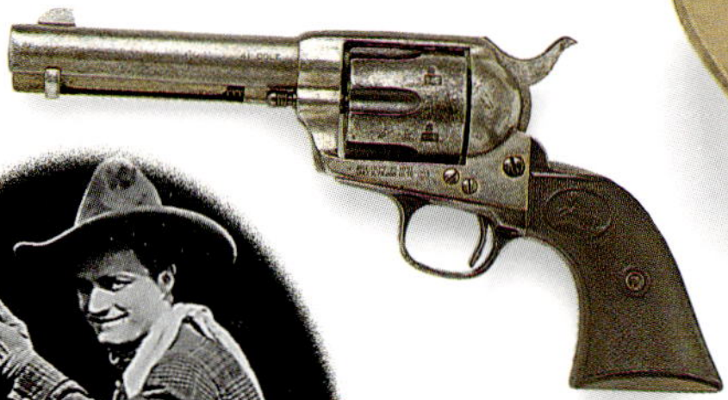

Le revolver de Tom Mix

Tom Mix (1880-1940)

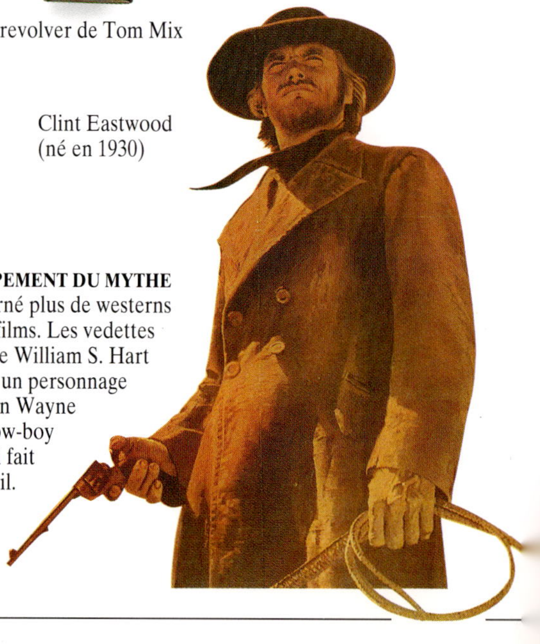

Clint Eastwood (né en 1930)

LE DÉVELOPPEMENT DU MYTHE
Hollywood a tourné plus de westerns que tout autre genre de films. Les vedettes du cinéma muet, telles que William S. Hart (1865-1946), créent un personnage qui se poursuit jusqu'à John Wayne (1907-1979), celui du cow-boy au caractère bourru qui fait régner l'ordre avec son fusil. Depuis les années 1960, Clint Eastwood a campé un héros sinistre dans un Ouest désenchanté.

Tête en bronze de Buffalo Bill Cody

SPECTACLES DE L'OUEST

En 1883, William Frederick Cody dit « Buffalo Bill » présente son premier *Wild West Show* dont les cow-boys constituent la principale attraction. C'est lui qui crée la première vedette cow-boy, William « Buck » Taylor (1857-1924). Son spectacle tourne en Amérique et en Europe jusqu'en 1916 pour le plus grand plaisir de millions de spectateurs. Cody était un remarquable organisateur de spectacles, et ses cow-boys offraient une véritable féerie où se mêlaient l'adresse, l'audace et le drame. C'était ce qu'attendait le public et ce dont il garde le souvenir.

LE QUADRILLE

La danse typique de l'Ouest demeure le quadrille formé par quatre couples. « Faites tourner votre cavalière », « do si do » et autres instructions sont énoncées à haute voix par l'animateur du bal.

On porte le Stetson même pour se distraire et danser.

Cravate en lacet avec un cœur en argent

Les franges, conçues pour faciliter l'écoulement de l'eau de pluie, chassent aussi les mouches.

ESCLAVES DE LA MODE

Les publicitaires des années 1950 et 1960 proclamaient toujours que les cow-boys avaient la belle vie. La mode western s'imposa par la suite dans les années 1970 et 1980, mais on ne retint que l'image d'une tenue décontractée en oubliant qu'il s'agissait d'un vêtement de travail.

Ceinturon appartenant à l'écrivain Earle Forrest

LA PLUME A PLUS DE FORCE QUE LE FUSIL

Les écrivains demeurent les vrais inventeurs du cow-boy. Owen Wister (1860-1938) connaît un succès considérable avec *Le Virginien* en 1902. Zane Grey (1872-1939) suit le même chemin avec 78 romans, de même que Max Brand (1892-1944) à qui l'on en doit plus de 300. De ces histoires, Hollywood tira de nombreux films. Peu de gens se sont intéressés à la réalité de l'Ouest, sauf quelques écrivains tels que Earle Forrest, ci-dessus, qui habite dans l'Ouest.

LE GRAND FRISSON DU RODÉO OU LA SURVIVANCE DU MYTHE

L’adresse du cow-boy est si spectaculaire qu’elle a donné lieu à un spectacle. Les rodéos (de l’espagnol rassembler) ont probablement pour origine les compétitions auxquelles se livraient les cow-boys lorsqu’ils se rencontraient sur la piste. Dans les années 1880, ce sont déjà des manifestations bien organisées qui se professionnalisent vers 1930. Les cinq épreuves traditionnelles du rodéo consistent à chevaucher un cheval démonté, attraper un veau au lasso, chevaucher sans selle un cheval démonté, renverser un jeune bœuf et chevaucher un taureau brahma. Les deux premières exigent de l’adresse, les trois autres conjuguent force et audace. Le Calgary Stampede a ajouté une course de chariot. Aujourd’hui, le rodéo tient à la fois du cirque et de la compétition : les rodéos américains distribuent chaque année pour plus de quinze millions de dollars de récompenses.

1 ATTRAPER UN VEAU AU LASSO
Cette épreuve exige une étroite coopération entre le cavalier et sa monture, mais aussi une remarquable adresse au lasso (pp. 34-35). Le cow-boy suit un veau et l’attrape (s’il le manque il a perdu), puis il attache la corde au pommeau de sa selle et saute à terre.

LA RONDE
Pour la course autour des barils (épreuve traditionnelle du rodéo féminin) ou pour séparer un veau du troupeau, ce sont les mêmes qualités qui sont requises.

EN SELLE
Pour chevaucher un cheval démonté, le cow-boy dispose d’une selle, dont le pommeau est relevé, et d’une simple longe, comme on le voit sur la peinture de Stanley L. Wood (1866-1928) *Bucked : A Rodeo Thrill* (Désarçonné : le frisson du rodéo). Le cow-boy monte sur l’animal placé dans un enclos étroit et tient les rênes d’une seule main, l’autre restant libre. Il éperonne le cheval et doit tenir 8 secondes. Les points attribués concernent le maintien du cavalier sur sa monture et la manière dont le cheval se cabre. L’expérience n’est guère agréable pour le cheval et l’est encore moins pour le cavalier, qui s’expose au risque d’être jeté à terre.

2 ENTRAVER
Le cheval s'arrête brutalement, la corde se tend, pendant que le cow-boy renverse le veau et lui attache les pattes ensemble comme on le fait pour le marquage.

IL S'ÉCHAPPE
L'instinct d'un cheval démonté est de sauter et de ruer violemment pour faire tomber ce qui pèse sur son dos. Les chevaux de l'Ouest restent les meilleurs pour ce genre d'attraction.

Le cavalier doit tomber franchement et s'écarter rapidement de la bête qui peut le charger.

Le chapeau reste en place même en cas de chute.

Le cavalier tient cette corde d'une seule main.

ALLONS-Y !
Chevaucher un taureau est considéré comme l'une des épreuves les plus dangereuses du rodéo. Le taureau brahma désarçonne avec une grande facilité, puis il charge le cavalier tombé à terre. Le cow-boy tient une corde qui entoure les épaules de la bête et doit tenir sur son dos sans selle pendant 8 secondes. Ici, un adolescent tente de montrer son adresse en chevauchant un bouvillon, mais il échoue.

UN CLOWN COURAGEUX
Le costume des clowns de rodéo est emprunté à celui du cirque. Chargés d'amuser le public entre les numéros, ils interviennent parfois sur un mode plus sérieux. Habituellement ils doivent détourner l'attention du taureau devant son cavalier désarçonné ou dont la main est prise dans la corde.

MAÎTRISER UN BOUVILLON
Dans cette épreuve, un cavalier, appelé « hazer », conduit la bête jusqu'au franchissement d'une ligne. Là, le candidat saute de son cheval, attrape le bœuf par les cornes, le renverse et le maîtrise au sol.

INDEX

NOTES

Dorling Kindersley tient à remercier :
La famille Mailhan (Marcel, Pascal, Caroline, Raoul et Jacques), Roger et Louis Galeron et Mme Françoise Yonnet pour les photos en Camargue, et Céline Carez pour l'organisation du voyage. Graham et Karen Aston, BAPTY & Company Ltd, le révérend Peter Birkett MA, Brian Borrer's Artistry in Leather (Western Saddlemaker), Foxhill Stables & Carriage Repository, J.D. Consultancy (agent de la J. B. Collection), Bryan Mickle-burgh's American Costumes & Props, Ros Pearson's Avon Western Wear, David Gainsborough Roberts, et Walsall Leather Museum pour les photographies. Pam et Paul Brown de Zara Stud, Peter et Mandy Richman de Cot-marsh Horned Pedigree Hereford/ Creeslea Aberdeen Angus (Swindon), Sterling Quarter Horses, Val Taylor's Moores Farm, Twycross Zoo, et Sheila Whelan's The Avenue Riding Centre pour nous avoir fourni des modèles à photographier. Karl Bandy, le révérend Peter Birkett, Brian Borrer, Pam et Paul Brown, John Denslow, Wayne Findlay, Dave Morgan, Andrew Nash, Helen Parker, Scott Steedman, Francesca Sternberg, et J.B. Warriner qui ont servi de mannequins. Lucky Productions S.A., Genève, Suisse pour la permission de reproduire « Lucky Luke ». Graham Aston, Lynne Bresler, Bob Gordon, Janet Lake, Manisha Patel, Sharon Spencer, Helena Spiteri, Scott Steedman et James White pour leur collaboration éditoriale et artistique.
Carte : Sallie Alane Reason
Mannequin : Gordon Models
Peintures mongoles : Ts Davaahuu

ICONOGRAPHIE

h = haut, b = bas, c = centre, g = gauche, d = droite

Australian Picture Library, Sydney 58cg; Australian Stockman's Hall of Fame 56cd, 56bd; Bettmann Archive, New York 40hd; Bruce Coleman 36ch, 36cg, 36cb; Culver Pictures Inc., New York 39bc; © Dorling Kindersley : Bob Langrish 6–7ch, 13hd, 13chd, 13cbd, 13cb, 18–19ch, 19c, 19cd, 50cd; Jerry Young 40bg, 40bd, 41cg, 41c; Dave King 45h, 47cd; Mary Evans Picture Library 6hg, 7cd, 7bd, 13bd, 25bd, 31cd, 33cd, 34hg, 51hd, 56bg, 57hd; Ronald Grant Archive 45bc; Hamlyn Publishing Group (extrait de *The Book of the West* par Charles Chilton, © Charles Chilton 1961) 60hg; Guy Hetherington & Mary Plant 29hd, 35h; Hulton Deutsche/Bettmann Archive 45bd; Hutchinson Library 6cg, 12cg, 49hg; Kobal Collection 21hd, 60g; Bob Langrish 10bg, 10bc, 11hg, 12bg, 32hg, 33hg, 33hc, 33hd, 34bg, 34cd, 58bg, 58bd, 59cg, 59b, 59bd, 62g, 63cg, 63bg, 63d; extrait de *L'amnésie des Dalton* publié avec l'autorisation de Lucky Productions S.A., Genève, Suisse 21bd; Peter Newark's Western Americana et Historical Pictures 11cbd, 12hg, 17bg, 18bg, 19bc, 20hd, 26bg, 28hg, 30cg, 31bd, 37hd, 38hg, 39bg, 41hg, 41bg, 42cd, 43cg, 45ch, 47hc, 58hg, 58hd, 59hg, 59hc, 59hd, 60hd, 60cb, 60bd, 63cd; Photographic Library of Australia, Sydney : Robin Smith 29cg, 56hg; Richard Holdendorp 57bd; © D.C. Thompson & Co. Ltd. 36bg.
Rien n'a été négligé pour retrouver les propriétaires des copyrights et nous nous excusons par avance des omissions involontaires. Nous serons heureux à l'avenir de pouvoir faire les remerciements adéquats.